Stephan Sigg

Angst & Hoffnung

Zentrale
Lebensthemen im
Religionsunterricht
mal anders!

Auer Verlag

Die Internetadressen, die in diesem Werk angegeben sind, wurden vom Verlag sorgfältig geprüft (Redaktionsschluss April 2013). Da wir auf die externen Seiten weder inhaltliche noch gestalterische Einflussmöglichkeiten haben, können wir nicht garantieren, dass die Inhalte zu einem späteren Zeitpunkt noch dieselben sind wie zum Zeitpunkt der Drucklegung. Der Auer Verlag übernimmt deshalb keine Gewähr für die Aktualität und den Inhalt dieser Internetseiten oder solcher, die mit ihnen verlinkt sind, und schließt jegliche Haftung aus.

Hinweisen an info@auer-verlag.de auf veränderte Inhalte verlinkter Seiten werden wir selbstverständlich nachgehen.

Textquellenverzeichnis

Dietrich Bonhoeffer, Widerstand und Ergebung © 1998, Gütersloher Verlagshaus, Gütersloh, in der Verlagsgruppe Random House GmbH

Dorothee Sölle: Zeitansage. Aus: Dorothee Sölle, loben ohne lügen © Wolfgang Fietkau Verlag, Kleinmachnow 2000

Bildquellenverzeichnis

Angelus Novus von Paul Klee, unter: http://de.wikipedia.org/w/index.php?title=Datei:Klee-angelus-novus.jpg&filetimestamp=20111209001825

Engel aus Holz © Jürgen Fälchle – Fotolia.com

Engelbüste © Renate Flormann – Fotolia.com

Engel in Hand © Renate Flormann – Fotolia.com

Ernst Bloch 1956, Foto: Bundesarchiv, Bild 183-35545-0009 / CC-BY-SA, unter: http://de.wikipedia.org/w/index.php?title=Datei:Bundesarchiv_Bild_183-35545-0009,_Berlin,_Ernst_Bloch_auf_15._Schriftstellerkongress.jpg&filetimestamp=20081204110451

Meditation © Vladimir Badaev – Fotolia.com

Offene Tür © Jürgen Fälchle – Fotolia.com

Paul Klee 1911, Foto von Alexander Eliasberg, unter: http://commons.wikimedia.org/wiki/File:Paul_Klee_1911.jpg?uselang=de

Roter Teppich © fotomek – Fotolia.com

Gedruckt auf umweltbewusst gefertigtem, chlorfrei gebleichtem
und alterungsbeständigem Papier.

1. Auflage 2013
Nach den seit 2006 amtlich gültigen Regelungen der Rechtschreibung
© Auer Verlag
AAP Lehrerfachverlage GmbH, Donauwörth
Alle Rechte vorbehalten
Das Werk und seine Teile sind urheberrechtlich geschützt. Jede Nutzung in anderen als den gesetzlich
zugelassenen Fällen bedarf der vorherigen schriftlichen Einwilligung des Verlages.
Hinweis zu § 52a UrhG: Weder das Werk noch seine Teile dürfen ohne eine solche Einwilligung
eingescannt und in ein Netzwerk eingestellt werden. Dies gilt auch für Intranets von Schulen und
sonstigen Bildungseinrichtungen.
Illustrationen: Hendrik Kranenberg, Stefanie Aufmuth, Julia Flasche, Stefan Lohr
Umschlagfoto: © Stefan Körber / Fotolia.com
Satz: krauß-verlagsservice, Augsburg
Druck und Bindung: Kessler Druck + Medien, Bobingen
ISBN 978-3-403-**07257**-7

www.auer-verlag.de

Inhaltsverzeichnis

- Vorwort 5
- Anregungen zum Einsatz der Materialien 6

VON DER ANGST …

- „Der Schrei" – das Gemälde von Edvard Munch 8
- Zukunftskärtchen: Welches Bild habe ich von morgen? 9
- Zeiten der Angst 10
- Angst lähmt: Das Beispiel USA 11
- Jede Zeit kennt ihre Ängste 12
- Was macht mir Angst? 13
- Total irrational 14
- Eine fatale Kurzschlussreaktion 15
- Mit Angst umgehen lernen 16
- Was tun gegen die Angst? 17
- Maria besiegt die Angst 18
- Mit Alkohol und Drogen Angst besiegen? 19
- Die Angst von Jesus im Garten Getsemani 20
- Hilfe und Stärkung im Gebet 21
- Kraft durch Meditation 22
- Angst vor Neuem und Ungewissem 23
- Wenn es um alles geht 24
- Angst vor den eigenen Fähigkeiten überwinden 25
- Vor jedem Fortschritt steht die Angst! 26
- Ein Neuanfang: Die Jünger und das Pfingstereignis 27
- Warum haben wir überhaupt Angst? 28
- „The German Angst" – Klischee oder wahr? 29
- Angst – die beste Lehrerin! 30
- Die Macht der Angst 31
- Angst vor dem Weltuntergang 32
- Die Lust am Weltuntergang 33
- Apokalypse: Die Bibel und der Weltuntergang 34
- Keine Angst vor dem Bösen 35
- Thriller: Lust auf Angst! 36
- Angst – die beste Werbung! 37

Inhaltsverzeichnis

... ZUR HOFFNUNG

- Die Bibel – das Buch der Hoffnung! 38
- Wie die Bibel Hoffnung vermittelt 39
- Dietrich Bonhoeffer (Nazi-Widerstand): Angst überwinden 40
- Hoffnung – was ist das? 41
- Martin Luther-Legende: „Wenn ich wüsste, dass morgen die Welt unterginge ..." 42
- Schutzengel – alles nur Kitsch und Aberglaube? 43
- (Schutz-)Engel in der Bibel 44
- Die Engelbilder von Paul Klee 45
- Verlorene Hoffnung – falsches Gottesbild? 46
- Kirche – Ort der Hoffnung? 47
- Fazenda da Esperança 48
- Vorbilder – Menschen, die Hoffnung machen 49
- Die Auferstehungshoffnung 50
- Was die Bibel zur Auferstehung sagt 51
- Das Prinzip Hoffnung 52
- „Zeitansage" – ein Text der Hoffnung 53
- Weihnachten und Ostern – Feste der Hoffnung 54
- Wie Jesus Hoffnung vermittelt 55
- Bergpredigt: Eine große Portion Hoffnung! 56
- Hoffnung – das Besondere am christlichen Glauben! 57
- Hoffnung + Vertrauen = typisch christlich! 58
- „Habt keine Angst!" – Papst Johannes Paul II. 59
- Der Wahn des positiven Denkens 60
- „Auf Hoffnung sind wir gerettet" 61
- Projekt: Die Zeitung der Hoffnung 62
- Was schenkt uns Hoffnung? 63
- Segen – Zeichen des Schutzes und der Zuversicht 64

- Lösungen 65

Vorwort

Fast täglich erreichen uns via Fernsehen, Radio, Zeitungen und Online-Medien Hiobsbotschaften: Umweltkatastrophen, Arbeitslosigkeit, Gewalt, die nächste Wirtschaftskrise ... Um die Zukunft unserer Welt scheint es nicht gut gestellt zu sein. Das macht besonders Jugendlichen zu schaffen: In was für einer Welt werden sie später leben? Wie werden sie alle Herausforderungen bewältigen können?

Im Religionsunterricht ist es heute eine der dringendsten Aufgaben, jungen Menschen zu vermitteln, dass sie in allen Auf- und Umbrüchen nicht alleine sind. Gott hält seine schützende Hand über sie. Auch wenn vielfältige Formen der Angst zum Leben gehören – das Christentum ist eine Religion der Hoffnung. Die Themen Angst und Hoffnung lassen sich auf vielfältige Weise im Unterricht aufgreifen. Die Materialien sollen Jugendliche aber auch dafür sensibilisieren, dass Christen die Aufgabe haben, nicht nur selber aus der Hoffnung zu leben, sondern auch anderen Menschen Zeichen der Hoffnung zu sein. Deshalb habe ich hier auch ein paar konkrete Ideen zur Umsetzung im Alltag vorgestellt.

Diese Arbeitsblätter sollen Ihnen eine Hilfe sein, Ihren Schülern[1] zu vermitteln, sich mit ihren Ängsten auseinanderzusetzen, auf die Hoffnung vertrauen zu lernen und sich ein „Auge für das Positive und Gute" anzutrainieren. Denn oft liegt es nicht daran, dass es mehr Negatives gibt, sondern wir vielmehr unseren Fokus auf die Schattenseiten richten und dabei fast vergessen, was es auf unserer Welt an Gutem gibt.

„Angst & Hoffnung" bildet den Auftakt zu einer Reihe von Arbeitshilfen, die anhand von emotionalen Alltagserfahrungen Zugänge zu zentralen Themen im Religionsunterricht eröffnen wollen.

Ihr Stephan Sigg

---

[1] Aufgrund der besseren Lesbarkeit ist in diesem Buch mit Schüler auch immer Schülerin gemeint, ebenso verhält es sich mit Lehrer und Lehrerin etc.

Anregungen zum Einsatz der Materialien

Wer mit Jugendlichen das Thema „Angst und Hoffnung" erarbeitet, erfüllt mehrere Ziele.
Zu diesen gehören u. a.:

- die Schüler werden ganz konkret und lebensnah an **zentrale Inhalte der christlichen Botschaft** erinnert.
- die Schüler tanken Mut für die **Bewältigung und Gestaltung ihres Alltags und ihrer Zukunft**.
- die Schüler lernen, ihre **Gefühle** (in diesem Fall: Angst und Hoffnung) auszudrücken und zu **kommunizieren**.
- die Schüler üben eine **kritische Auseinandersetzung mit der Wirklichkeit**, die uns Fernsehen, Presse und Internet präsentieren: Es gibt immer verschiedene Perspektiven (Panikmache der Medien usw.).
- die Schüler werden dafür sensibilisiert, zu erkennen, wann jemand in ihrem Umfeld **Unterstützung** braucht und wie sie diese Unterstützung konkret leisten können.

Die Arbeitsblätter können Sie auf verschiedene Arten einsetzen:

✔ **Unterricht**

Widmen Sie den Themen eine oder mehrere Unterrichtsstunden. Sie erarbeiten gemeinsam mit den Schülern die einzelnen Aspekte im Klassenverband. Das Thema kann aber auch im Laufe eines Schuljahres immer wieder zwischendurch aufgegriffen werden. So werden die Jugendlichen stetig dafür sensibilisiert, sich mit ihren Ängsten auseinanderzusetzen anstatt sie zu verdrängen, und auf die christliche Hoffnung zu vertrauen und diese auch anderen zu vermitteln.

✔ **Stationen**

Die Arbeitsblätter können auch als „Stationer-Projekt" behandelt werden: In Kleingruppen wandern die Schüler von Station zu Station (je nach Zeit: ca. 4 – 8 Stationen) und erarbeiten selbstständig die Arbeitsblätter. An jeder Station wird ein anderer Aspekt aufgegriffen. Das Projekt kann spirituell umrahmt (siehe „Spiritueller Rahmen") werden.

✔ **Verknüpfung Schule – Alltag**

Gerade beim Thema „Angst und Hoffnung" lohnt es sich, Brücken zum Alltag der Schüler zu bauen und z. B. den christlichen Auftrag, anderen Menschen Hoffnung zu schenken (siehe AB S. 47), konkret werden zu lassen: Initiieren Sie eine Benefiz-Aktion (Schüler tun etwas, um Geld für einen karitativen Zweck zu sammeln) oder lancieren Sie eine „Woche der Hoffnung".

✔ **Nach Aktualität**

Die Arbeitsblätter können aber auch bei aktuellen Ereignissen im Alltag der Schüler, der Schule, des Wohnorts, des Landes oder weltweit (Katastrophen, Erfolgsmeldungen, Negativschlagzeilen, Glücks- und Unglücksfälle, …) zum Einsatz kommen. Sie helfen damit, die Sorgen und Freude der Schüler aufzugreifen und ihnen Wege aufzuzeigen, wie sie damit umgehen können.

Anregungen zum Einsatz der Materialien

✔ **Projekttage / -nächte / -wochen**

Die Themen „Angst und Hoffnung" lassen sich auch im Rahmen eines Projekttages, einer Projektnacht oder -woche behandeln. Die Schüler erhalten dazu ein leeres Projektheft, in das sie die Arbeitsblätter einkleben und eigene Gedanken, Texte usw. notieren können.

✔ **Blog**

Es besteht auch die Möglichkeit, ein Blog zum Thema „Angst und Hoffnung" einzurichten: Die Jugendlichen veröffentlichen dort während eines bestimmten Zeitraums (z. B. 3 – 6 Monate) regelmäßig Beiträge (Texte, Bilder usw.), die sich mit der Thematik beschäftigen (vgl. S. 62). Die ganze Schule kann mitlesen …

✔ **Fächerübergreifend**

Die Themen „Angst und Hoffnung" bieten viele Anknüpfungspunkte und Vertiefungsmöglichkeiten in anderen Fächern (Psychologie, Kunst, Deutsch, …) und lassen sich deshalb auch fächerübergreifend behandeln oder weiterführen.

✔ **Spiritueller Rahmen**

Bei den Themen „Angst und Hoffnung" geht es nicht nur um eine kognitive Auseinandersetzung. Die Jugendlichen sollen vielmehr auch dafür sensibilisiert werden, dass sie sich in Situationen der Angst und der Hoffnung Gott anvertrauen können. Ganz konkret wird dies, wenn Sie mit Jugendlichen beten oder einen Gottesdienst (z. B. mit Gottesdienst-Thema „Angst und Hoffnung") feiern. Dies kann zu Beginn oder als Abschluss der Unterrichtseinheit geschehen. Als Einstieg oder Abschluss einer Religionsstunde kann ein Gebet gesprochen oder ein Lied gesungen werden, das sich mit dem Thema beschäftigt.

Zur Arbeit mit den Arbeitsblättern

Sie können die Arbeitsblätter kopieren und verteilen. Die Vorlagen lassen sich aber auch auf OHP-Folien übertragen und einsetzen.

Aktuelle Songs, Songtexte, Bilder, (Musik-)Videos und Zeitungsschlagzeilen zum Thema „Angst und Hoffnung" lassen sich relativ leicht im Internet über www.google.de oder www.youtube.com finden.

„Der Schrei" – das Gemälde von Edvard Munch

Das Gemälde „Der Schrei" von Edvard Munch gilt als eines der berühmtesten Werke des Expressionismus und eines der bekanntesten Bilder weltweit. Munch verarbeitete in diesem Bild eine eigene Angsterfahrung.

1. Betrachtet das Bild einige Minuten lang im Internet (z.B. unter: www.munch.museum.no/work.aspx?id=17&wid=1&lang=en) und füllt anschließend das Protokoll aus.

   Bild-Analyse-Protokoll

Was löst das Bild bei euch aus? Schreibt eure Gedanken, Gefühle usw. auf.
Wie ist die Angst in diesem Bild konkret dargestellt? Welche Farben sind zu sehen?
Gab es Situationen in eurem Leben, in denen ihr wie die Person auf dem Bild empfunden habt?
Warum ist das Bild so berühmt bzw. warum fasziniert es so viele Menschen?

2. Warum verarbeiten viele Künstler in Bildern, Texten, Songs usw. ihre Angst?

   _____
   _____

3. Warum ist Schreien auch eine Form, mit Angst umzugehen bzw. auf sie zu reagieren?

   _____
   _____

„Ich schrei gegen die Angst."

(aus dem Song „Angst" von Chima)

VON DER ANGST …

Zukunftskärtchen: Welches Bild habe ich von morgen?

Früher war alles viel besser, denn …	Ich würde gerne in die Zukunft blicken, weil …
Viele Menschen lesen Horoskope, weil …	Wenn ich an die Zukunft denke, habe ich am meisten Angst vor …
Über meine Zukunft mache ich mir viele Gedanken, weil …	Haben jüngere Menschen mehr Angst vor der Zukunft als ältere?
Wenn ich ein Bild von der Zukunft malen müsste, würde es vor allem aus diesen Farben bestehen: …	Ob man sich Sorgen um die Zukunft macht, hängt auch vom Kontostand ab.
Noch nie hatten die Menschen so viel Angst vor der Zukunft wie heute: Es herrscht eine allgemeine Orientierungslosigkeit.	Hatten die Menschen vor 100–200 Jahren mehr Angst vor der Zukunft als heute?
Es ist wichtig, ganz detaillierte Zukunftspläne zu haben.	Eigentlich könnte man alle „Zukunftsprognostiker" entlassen.

1. Schneidet die Kärtchen aus. Bildet Gruppen à 3–4 Personen und legt die Kärtchen aufeinander in die Mitte. Die erste Person zieht ein Kärtchen und nimmt Stellung dazu. Die anderen kommentieren, fragen nach usw.

2. Warum haben heutzutage viele Menschen Angst vor der Zukunft?

Zeiten der Angst

Beim Blick in die Medien hat man manchmal das Gefühl, es sei den Menschen noch nie so schlecht gegangen wie heute. Aber stimmt das?

„Die große Depression"

Ende des 19. Jahrhunderts herrschte in Europa eine große Wirtschaftskrise. Anfang des 20. Jahrhunderts ergriff diese Krise auch die USA. Sie führte zu hoher Arbeitslosigkeit, viele Menschen verloren ihren ganzen Besitz.

„Kalter Krieg"

Von 1947 bis in die 1980er-Jahre bestand ein anhaltender Konflikt zwischen den westlichen Ländern unter Führung der USA und dem sogenannten Ostblock unter Führung der Sowjetunion. Jahrzehntelang wurden von beiden Seiten politische, ökonomische, technische und militärische Anstrengungen unternommen, um den Einfluss des anderen Lagers weltweit einzudämmen oder zurückzudrängen und sich selbst eine Vormachtstellung aufzubauen.

„Schwarzer Tod"

Zwischen 1347 und 1353 forderte eine Pestwelle, welche die ganze damals bekannte Welt erfasste, geschätzte 25 Millionen Todesopfer – ein Drittel der damaligen europäischen Bevölkerung!

1. Im Laufe der Menschheitsgeschichte stand die Welt mehrmals beinahe „am Abgrund". Schreibt ein paar Beispiele auf und erklärt, welche Katastrophe verhindert werden konnte.

2. Welche Bedeutung haben diese Krisenzeiten für uns?

3. Vergleicht unsere heutige Situation mit den oben genannten Krisenzeiten. Welchen konkreten globalen Gefahren sind wir heute ausgesetzt?

Globale Gefahren heute

4. Sind wir diesen Gefahren global ausgeliefert? Was können wir gegen sie unternehmen?

Angst lähmt: Das Beispiel USA

Wenn sich eine allgemeine Atmosphäre der Angst ausbreitet, beeinflusst sie die ganze Gesellschaft. Das kann fatale Auswirkungen haben.

In den USA geht die Angst um: Die Wirtschaft steckt in der Krise. Die Aktienmärkte sind instabil. Der Export ist geschrumpft. Die Arbeitslosigkeit steigt. Weil die Amerikaner sich Sorgen machen, sind sie zurückhaltender geworden, was den Konsum betrifft. Das beeinflusst die Wirtschaft nochmals negativ. Wenn wenig konsumiert wird, gibt es weniger Umsatz und dadurch steigt die Zahl der Arbeitslosen. Extrem betroffen ist die amerikanische Mittelschicht. Diese ist in den vergangenen Jahren stark geschrumpft. Dabei galt bisher als ungeschriebenes Gesetz, dass der Lebensstandard der Mittelschicht in den USA ständig wachse.

US-Präsident Barack Obama appellierte schon mehrmals an die Bevölkerung, den Glauben an eine positive Zukunft nicht zu verlieren. Er sei überzeugt, dass die Probleme gelöst werden können.

Von Barack Obama formulierte Ziele (Herbst 2012):

- Schaffung von 1 Million neuer Industriejobs (bis Ende 2016)
- Verdopplung der Exporte (bis 2014)
- Ölimporte halbieren (bis 2020)
- Kampf gegen Klimawandel
- Haushaltsdefizit um vier Billionen Dollar reduzieren

---

1. Warum besteht in den USA die Gefahr einer „Negativspirale"? Was ist das Fatale an einer „Negativspirale"?

2. Sind konkrete Zielvorgaben ein Mittel gegen Angst? Was sind die Chancen, was die Gefahren?

3. Überlegt in Kleingruppen: Mit welchen Maßnahmen könnte es den USA (und auch anderen Ländern oder Organisationen, die in einer Krise stecken) gelingen, die Negativspirale zu beenden? Schreibt eure Ideen auf ein Plakat und entwickelt einen „Maßnahmenplan".

Jede Zeit kennt ihre Ängste

Früher: **Angst wovor genau?**

- Angst vor Gewitter ⟶ _____
- Angst vor Sternschnuppen ⟶ _____
- Angst vor Hexen ⟶ _____
- Angst vor Stadtbrand ⟶ _____

Häufige Ängste in unserer Zeit:

- Ein Referat halten ⟶ _____
- Angst vor Spinnen ⟶ _____
- Prüfungsangst ⟶ _____
- _____ ⟶ _____
- _____ ⟶ _____
- _____ ⟶ _____
- _____ ⟶ _____
- _____ ⟶ _____

> „Als Kind hatte ich immer total Angst, in den Keller zu gehen. Wenn ich etwas holen musste, beeilte ich mich immer …"

Meine Kindheitsangst 1

Meine Kindheitsangst 2

1. Wovor genau hatten / haben die Menschen Angst? Schreibt zwei eurer Kindheitsängste auf. Warum sind einige Ängste von früher oder aus der Kindheit heute nicht mehr „aktuell"?

2. Welche sind die größten Ängste in unserer Gesellschaft?

3. Gruppenarbeit: Jede Gruppe setzt sich mit einer Angst aus der heutigen Zeit auseinander. Gestaltet ein Plakat und stellt darauf Wege und Ideen vor, wie man diese Angst in den Griff bekommt.

Was macht mir Angst?

„Macht euch also keine Sorgen und fragt nicht: Was sollen wir essen? Was sollen wir trinken? Was sollen wir anziehen? Denn um all das geht es den Heiden. Euer himmlischer Vater weiß, dass ihr das alles braucht."
(Matthäus 6,31–32)

1. Welche Ängste beschäftigen euch? Schreibt Beispiele in die Felder. Wenn ihr keine Ängste habt, könnt ihr auch in Klammern ( ) Ängste aufschreiben, die andere Menschen haben könnten.

Unsere Stadt / Unser Dorf	Meine Zukunft

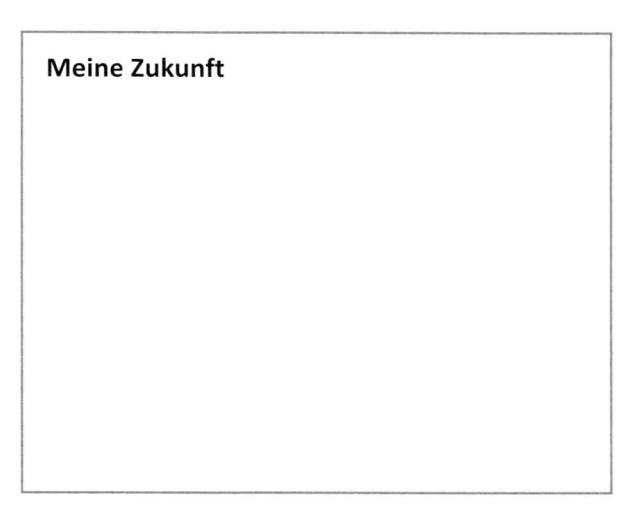

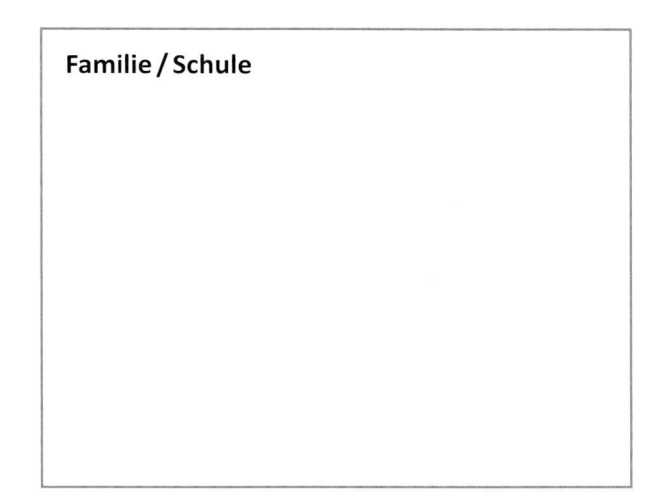

Gesellschaft / Welt	Familie / Schule

2. Wählt eine Angst aus und analysiert sie: Was genau löst die Angst aus? Ist die Angst begründet?

Analyse

Angst? _____

Wovor genau habt ihr Angst? _____

Begründet?   JA   NEIN

VON DER ANGST …

Total irrational

Flugangst, Höhenangst, Platzangst ... Viele unserer Ängste sind völlig irrational. Warum?

Flugangst

Ca. 15 Prozent der deutschen Bevölkerung leiden unter Flugangst, weitere 20 Prozent der Flugreisenden fühlen sich während des Fluges unbehaglich. Sie fürchten sich davor, abzustürzen, zu ersticken, sich übergeben zu müssen oder zu sterben. Doch besonders besorgt sie, dass sie der Technik und dem Piloten ausgeliefert sind. Flugangst ist nicht angeboren, sondern entsteht durch negative irrationale Gedanken und Fantasien. Flugangst kann auch wieder verlernt werden. Flugangst ist eigentlich irrational: Denn laut Statistik sterben mehr Menschen bei Autounfällen als bei Flugzeugunglücken. Laut Experten sind seit Erfindung des Flugzeugs nicht einmal 200 000 Passagiere bei einem Flugzeugabsturz gestorben! Theoretisch müssten alle, die Angst vor dem Fliegen haben, auch totale Angst vorm Autofahren haben!

Flugangst-Seminar

Auf verschiedenen Flughäfen werden Seminare für Menschen mit Flugangst angeboten. Dabei lernen sie verschiedene Entspannungsübungen und Atemtechniken kennen. Sie werden aber auch mit den typischen Geräuschen des Fliegens, der Technik und den Notfallsystemen vertraut gemacht. In Vorstellungsübungen trainieren die Betroffenen Bewältigungsstrategien.

Phobien

Manche Menschen sind von einer Angst so beeinträchtigt, dass keine normale Lebensgestaltung mehr möglich ist. Der ganze Alltag ist von der Angst bzw. der Vermeidung der Angst bestimmt. Die Mediziner nennen das „Phobie" (z. B. Angst vor Menschenansammlungen). Es gibt heute verschiedene Therapiemethoden, Menschen von diesen Ängsten zu befreien.

1. Welche irrationalen Ängste gibt es?

Irrationale Ängste:

- _____
- _____
- _____
- _____

2. Die Menschen wissen, dass ihre Ängste irrational sind, und trotzdem haben sie Angst. Woran liegt das?

3. Wie könnte man lernen, irrationale Ängste in den Griff zu bekommen?

4. Es gibt zahlreiche Phobien (Agoraphobie, Homophobie usw.). Recherchiert in Kleingruppen zu einer bestimmten Phobie und stellt die Ergebnisse anschließend vor.

VON DER ANGST ...

Eine fatale Kurzschlussreaktion

Suizid wegen schlechter Prüfungsergebnisse

Der 19-jährige Gymnasiast Daniel M. beging Suizid, weil er glaubte, das Abitur nicht bestanden zu haben. Doch dann stellte sich heraus: Es war nur ein Fehler in der veröffentlichten Liste. Daniel war als fröhlicher Junge bekannt. Er hatte keine psychischen Probleme. Doch als die Ergebnisse der Abi-Prüfungen im Internet veröffentlicht wurden und Daniels Name nicht unter den erfolgreichen Abiturienten auftauchte, erkundigte er sich bei seinem Lehrer per E-Mail. Ohne dessen Antwort abzuwarten, die zwei Stunden später kam, nahm er sich das Leben. Besonders tragisch: Es stellte sich alles als Missverständnis heraus. Daniel hatte das Abi doch bestanden, nur wurde vergessen, seinen Namen auch ins Internet zu stellen. Für Daniel brach eine Welt zusammen. Er ertrug die Unsicherheit, versagt zu haben, nicht. Sein Vater erzählt gegenüber den Medien, dass sich Daniel immer selbst am meisten Druck gemacht habe. Deshalb habe er wohl seine Wut gegen sich selbst gerichtet.

1. Schreibt einen Leserbrief oder Kommentar, nachdem ihr den Text gelesen habt. Lest euch eure Briefe / Kommentare gegenseitig vor.

Leserbrief / Kommentar:

2. Wie kann man vorbeugen, um nicht selber eine Kurzschlussreaktion zu begehen?

3. Was können die Gesellschaft, der Staat, die Schule und wir machen, um Kurzschlussreaktionen bei anderen zu verhindern?

Gesellschaft

Staat

Schule

Wir

Mit Angst umgehen lernen

Ich habe Angst vor _____

verdrängen	sich der Angst stellen	sich den Kopf darüber zerbrechen

Konsequenz?		Konsequenz?		Konsequenz?	
kurzfristig	langfristig	kurzfristig	langfristig	kurzfristig	langfristig

---

Angst vor Hunden

Angst vor Verlust der Arbeitsstelle

Angst vor Einsamkeit

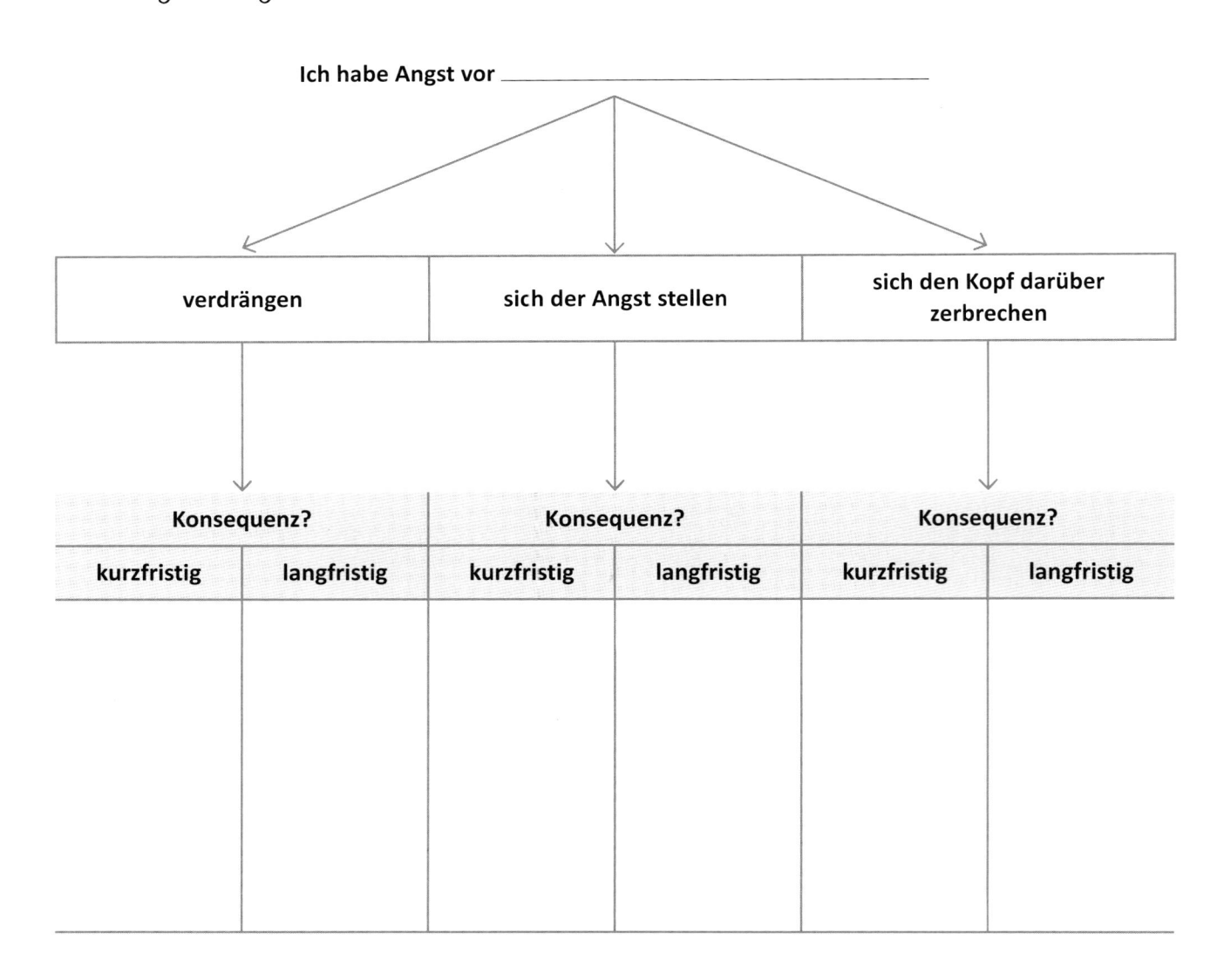

1. Welche Strategien habt ihr schon angewendet, um eine Angst in den Griff zu bekommen? Diskutiert miteinander.

2. Füllt die Tabelle für ein aktuelles Beispiel aus. Geht anschließend die Tabelle mit obigen Beispielen durch.

3. Beschäftigt euch mit einer Angst und führt die nächsten Tage / Wochen ein Tagebuch oder ein Blog: Haltet fest, wie ihr euch in dieser Zeit mit der Angst beschäftigt und wie sich eure Angst verändert.

Was tun gegen die Angst?

Angst und nun?! Es gibt immer mehrere Möglichkeiten, etwas dagegen zu unternehmen!

Ideen:

- Beten
- Freunde
- Eltern / Lehrer
- Fachleute ...

- _____
- _____
- _____

1. Welche weiteren Ideen gibt es? Schreibt auf die leeren Zeilen.

Nummer gegen Kummer – das Kinder- und Jugendtelefon

Ihr habt Stress mit euren Eltern oder in der Schule? Es gibt immer wieder Zoff mit Freunden oder Probleme in der Liebe oder Sexualität? Einsam, wütend oder traurig? Oder werdet ihr sogar von jemandem belästigt, beschimpft oder geschlagen? Ihr leidet unter Missbrauch, Essstörungen, Selbstverletzungen oder Sucht? Die „Nummer gegen Kummer" hilft bei allen Problemen: Hier braucht niemand Angst zu haben, dass eine Sorge vielleicht lächerlich erscheint. Ganz egal, worum es geht und wie lange es dauert – hier wird sich für jeden Zeit genommen. Die Berater hören zu, weil es ihnen wichtig ist, jungen Menschen zu helfen.

Leider Realität: Viele Kinder und Jugendliche mit Problemen und Sorgen kommen nicht durch, weil die Leitungen häufig von Scherzanrufern blockiert sind. Die Berater der „Nummer gegen Kummer" finden es sehr frustrierend, über erfundene Geschichten zu sprechen oder sich womöglich beschimpfen und beleidigen zu lassen.

Das Kinder- und Jugendtelefon in Deutschland ist eines der ältesten in der Welt. In Europa gibt es für die sogenannten Child Helplines eine einheitliche kostenfreie Telefonnummer (Tel. 116 111), die in 17 Ländern erreichbar ist. Viele Kinder- und Jugendtelefone bieten auch eine Beratung im Internet (per Mail oder Chat) an. Weitere Informationen: www.nummergegenkummer.de

2. In welchen Fällen ist es sinnvoll, sich an ein Angebot wie die „Nummer gegen Kummer" zu wenden?

3. Die Berater von „Nummer gegen Kummer" kennen die Anrufer nicht. Was sind die Vor- und Nachteile?

Vorteile	Nachteile

Maria besiegt die Angst

Völlig unerwartet erschien Maria ein Engel und verkündete ihr, dass sie ein Kind bekommen werde.

Nach Lukas 1,28–34:

Engel: „Gegrüßet seist du, Holdselige! Der HERR ist mit dir, du Gebenedeite unter den Weibern!"

Maria (tief erschrocken): „Was will er von mir? Und was soll der Gruß bedeuten?"

Engel: „Fürchte dich nicht, Maria; denn du hast bei Gott Gnade gefunden. Du wirst ein Kind empfangen, einen Sohn wirst du gebären: dem sollst du den Namen Jesus geben."

Maria: „Aber ich ..."

1. Welche Ängste sind Maria wohl durch den Kopf gegangen? Schreibt sie in die Gedankenblasen.

2. Schreibt zu zweit die Fortsetzung des Dialogs in einer modernen Version oder inszeniert ihn. Lest zunächst die Vorlage in der Bibel: Lukas 1,28–34.

3. Mit welchen Situationen oder Ereignissen aus unserer Gegenwart könnte die Begegnung von Maria mit dem Engel verglichen werden? Sucht Beispiele für verschiedene Bereiche (z. B. Schule, Wirtschaft, Politik).

4. Warum ist Maria für viele Menschen ein Vorbild? Wie bekam sie ihre Angst in den Griff?

Mit Alkohol und Drogen Angst besiegen?

1. Was passiert, wenn jemand seine Angst mit Alkohol oder Drogen in den Griff bekommen will?

Kurzfristig	Mittelfristig	Langfristig

Mit Alkohol Angst abbauen!?

Oft hängen Sucht und Angst eng zusammen: Viele alkoholabhängige Menschen begannen zu trinken, weil sie damit ihre Angst in den Griff bekamen. Viele Menschen greifen zu Drogen, um ihre Ängste auszuschalten. Besonders Alkohol wirkt stark dämpfend und ist deshalb die bevorzugte Droge vieler Menschen mit Angststörungen. Alkohol macht gesprächig und selbstsicher, baut Ängste und Barrieren ab, enthemmt und wirkt (anfangs) sexuell stimulierend.
Das Problem: Wer gezielt Angst mit Alkohol bekämpft, setzt einen Teufelskreis in Gang und wird sehr schnell abhängig.

Riskante Aktionen

Nach ein paar Drinks erkennt das Gehirn gefährliche Situationen nicht mehr. Menschen unter Alkohol- oder Drogeneinfluss neigen deshalb zu riskanten Aktionen und bringen ihr Leben und das Leben anderer in Gefahr. Grund dafür ist, dass unter Alkohol- oder Drogeneinfluss die Verbindungen zwischen den Nervenzellen nicht mehr richtig funktionieren. Sie können nicht zwischen harmlosen und gefährlichen Reizen unterscheiden. So kommt es zu Fehlschaltungen in Gehirnregionen, die normalerweise auf bedrohliche Situationen reagieren.

Regelmäßiges Trinken macht Angst

Neurowissenschaftler haben herausgefunden: Wer regelmäßig mit Alkohol die Angst bekämpft, vergrößert die Angst! Denn durch das regelmäßige Trinken werden Schaltkreise im Gehirn beeinträchtigt, die für die Verarbeitung von Angst wichtig sind.

2. Warum ist es doppelt gefährlich, mit Alkohol oder anderen Drogen Angst zu bekämpfen?

Die Angst von Jesus im Garten Getsemani

In der Nacht vor seinem Leidensweg und seiner Kreuzigung hatte Jesus große Angst.

1. Wovor hat Jesus Angst? Markiert die Stellen im Text.

Jesus in Getsemani

Jesus nimmt drei Jünger mit, Petrus, Jakobus und Johannes. Auf dem Weg zum Garten Getsemani sagt Jesus: „Heute Nacht werdet ihr mich alle verlassen." (…) Als sie den Garten betreten, sagt Jesus zu den drei Jüngern: „Bleibt hier und wacht mit mir, bis ich wieder zurückkomme. Ich gehe ein Stück weiter, um zu beten." Und Jesus entfernt sich ein wenig. Nun ist Jesus ganz allein. Große Angst und Traurigkeit befällt ihn. Er spürt, dass er viel leiden muss. Er spürt, dass er bald sterben muss. Er spürt, dass ihm Böses geschehen wird. Er zittert, er fällt zu Boden; Schweiß tritt auf seine Stirn. Jesus betet: „Vater, lass es nicht geschehen! Lass das schwere Leid an mir vorübergehen."

Doch dann sagt er: „Ja, ich will alles ertragen. Du bist bei mir. Vater, ich bin bereit. Ich liebe die Menschen. Ich will für sie alles annehmen." Als Jesus zurückkommt, sind die Jünger vor Traurigkeit eingeschlafen. In dieser Nacht kommen die Soldaten und nehmen Jesus gefangen. Alle anderen laufen weg. Jesus wird allein weggeführt.
(nach Matthäus 26,36–56)

2. Interpretiert den Text zu zweit: Was erfahren wir? Was ist die Botschaft des Textes? Was können wir von ihm lernen?

3. Was unternehmen Jesus und die Jünger konkret gegen die Angst? Schreibt in die Felder.

Was unternimmt Jesus?

Was machen die Jünger?

4. Zwischen dem 1. und dem 2. Abschnitt geschieht eine entscheidende Wende. Was könnte Jesus hier durch den Kopf gegangen sein? Schreibt seine Gedanken auf und lest sie euch anschließend vor.

VON DER ANGST …

Hilfe und Stärkung im Gebet

Wer Angst hat oder nicht weiter weiß, kann sich an Gott wenden.

- Gläubige Menschen vertrauen ihre Freude, aber auch ihre Sorgen Gott an.
- Auch Jesus hat gebetet.
- Beten ist in jeder Situation möglich.

„Gott wird dir helfen!"

„Wenn das mit dem Beten klappen würde, hätten alle super Prüfungsergebnisse!"

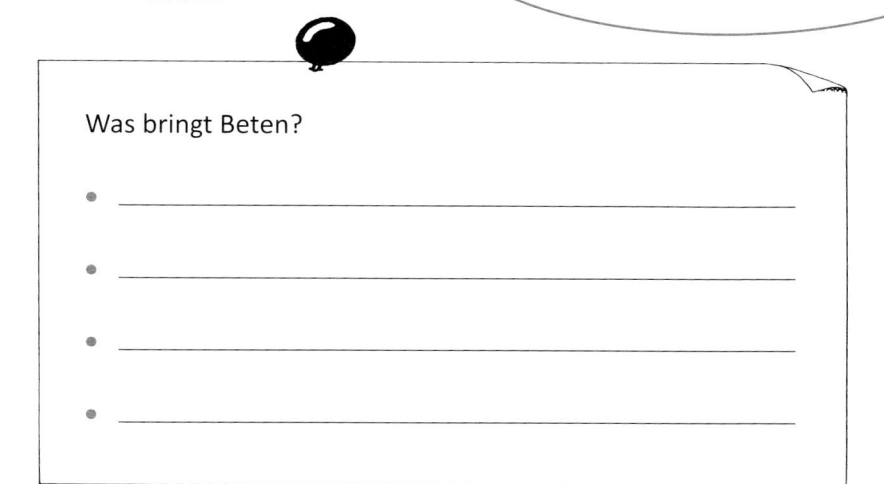

Was bringt Beten?

- _____
- _____
- _____
- _____

Stoßgebet: eine besondere Form des Gebets, ein kurzes, in der Situation der Angst formuliertes Gebet.

1. Ist das Gebet wirklich eine Hilfe, wenn man Sorgen hat? Sucht zu zweit oder dritt Argumente.

> **Beten = mit Gott kommunizieren**
>
> Christen dürfen sich mit allen Anliegen und zu jeder Zeit an Gott wenden – gemeinsam, allein, mit oder ohne Worte. Anders als andere Religionsstifter hat Jesus keine Gebetsordnung verkündet. Er hat die Menschen zum Gebet ermutigt und sie gelehrt, dass jedes aufrichtige Gebet eine Wirkung hat.

2. Darf man sich wirklich mit allen Anliegen an Gott wenden? Oder gibt es Tabus?

3. Beten wird oft als „Dialog mit Gott" bezeichnet. Doch ist Beten überhaupt ein Dialog oder doch eher ein Monolog? Sucht Argumente dafür und dagegen.

Kraft durch Meditation

1. Schaut euch das Bild an. Was fällt euch dazu ein?

   - Meditation bedeutet auf Deutsch: „nachdenken".
   - Wissenschaftlich bewiesen: Meditation ist positiv für die Gesundheit.
   - Durch Meditation sinken Blutdruck und Puls.
   - Veränderung der Gehirnwellen – Gehirn wird ruhiger und leistungsfähiger.
   - Der Körper wird in einen Entspannungszustand versetzt.
   - Wer regelmäßig meditiert, hat seine Ängste besser im Griff.
   - Verbesserung des Allgemeinbefindens, bessere Stimmung, Laune.
   - Wer meditiert, macht sich weniger Sorgen und schläft auch besser.
   - Durch Meditieren wird man ausgeglichener und glücklicher und lernt, negative Gedanken und Stress loszulassen.
   - Damit eine Meditation ihre volle Wirkung entfalten kann, muss sie regelmäßig angewendet werden (z. B. jeden Morgen oder jeden Abend).

2. Warum ist eine Meditation eine Hilfe gegen Angst? Was ist notwendig, damit die Meditation ihre Wirkung entfalten kann? Schreibt ins Rezept.

   Was ist wichtig bei einer Meditation?

   - _____
   - _____
   - _____
   - _____
   - Rosenkranz: _____
   - Yoga: _____
   - Klangmeditation: _____

3. Auch in verschiedenen Religionen gibt es Meditationsrituale. Sucht im Internet weitere Informationen dazu.

4. Während immer weniger Menschen an den traditionellen Angeboten der Kirchen teilnehmen, boomen Yoga & Co. Woran könnte das liegen?

5. Probiert eine der Meditationen konkret aus!

VON DER ANGST ...

Angst vor Neuem und Ungewissem

Check:

☐ Ich probiere gerne Neues aus!

☐ Ich bin nervös, wenn ich mit einer Gruppe von Menschen zu tun habe, die ich noch nicht kenne.

☐ Es wäre für mich kein Problem, an eine andere Schule zu wechseln.

☐ ...

1. Mit welchen Veränderungen wird man im Leben konfrontiert? Was kann man selber in seinem Leben alles ändern? Schreibt Beispiele auf.

NEUES / VERÄNDERUNGEN

	freiwillig	unfreiwillig
Beruf / Arbeit:		
Wohnung / Haus:		
Hobbys:		
Frisur:		

2. Warum ändern viele Menschen im Laufe ihres Lebens diese Dinge meist ganz selten?

3. Warum fürchten sich viele Menschen vor Neuem oder neuen Wegen? Diskutiert zu zweit und schreibt eure Erklärungen auf das Post-it.

Post-it: Deshalb fürchten sich viele Menschen vor etwas Neuem

VON DER ANGST ...

Wenn es um alles geht

1. Warum haben viele Menschen Angst vor Bewerbungsgesprächen für eine Stelle, einen Ausbildungsplatz usw.? Wovor genau fürchten sie sich? Schreibt in den Kasten.

„Was ist Ihre Motivation, bei uns zu arbeiten?"

„Was sind Ihre Schwächen?"

„Ich, ähm … hm …"

- _____
- _____
- _____
- _____
- _____

2. Wie bekommt man Angst vor Bewerbungsgesprächen in den Griff? Überlegt euch zu zweit mögliche Schritte.

Strategien gegen Angst vor Bewerbungsgesprächen

3. Verfasst Gebete, die man vor Bewerbungsgesprächen sprechen könnte.

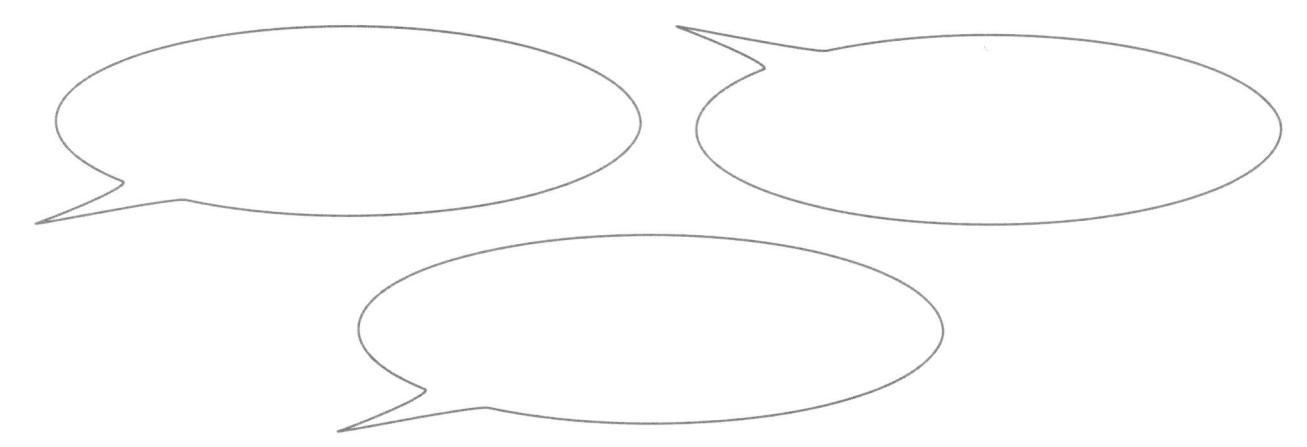

VON DER ANGST …

Angst vor den eigenen Fähigkeiten überwinden

„Du schaffst das nie!"

„Du kannst es!"

Unsere Strategien:

- _____
- _____
- _____
- _____

Ideen der Klasse:

- _____
- _____
- _____
- _____
- _____
- _____
- _____

1. Wer Angst vor den eigenen Fähigkeiten hat, hört im Kopf meistens verschiedene Stimmen. Überlegt euch zu dritt eine Situation und inszeniert eine Szene, in der ihr darstellt:

   a) Was geht der Person durch den Kopf?
   b) Warum hat sie diese widersprüchlichen Gedanken?
   c) Wovon sind die Gedanken geprägt?

2. Wie kann man lernen, mit dieser Angst umzugehen bzw. sie in den Griff zu bekommen? Diskutiert zu zweit und skizziert eine Strategie. Stellt euch anschließend die Strategien gegenseitig vor und gebt euch weitere Ideen.

3. Kreativ-Idee: Macht euch selber Mut in einem Brief! Schreibt euch selber einen Brief.

Vor jedem Fortschritt steht die Angst!

Nur wer sich etwas traut und seine Ängste überwindet, kommt vorwärts.

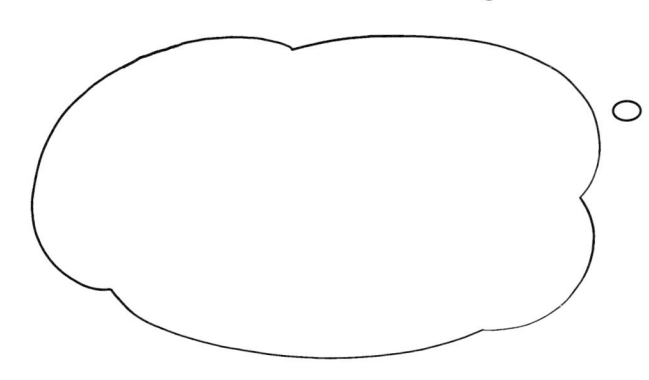

Die Sängerin Christina Stürmer und viele andere Künstler, die bei einer TV-Castingshow mitmachten, mussten ihren ganzen Mut zusammennehmen, als sie zum ersten Mal vor die Casting-Jury traten.

Ausschlaggebend:

_____

_____

Skispringer wie Thomas Morgenstern müssen ihren ganzen Mut zusammennehmen, bevor sie die Schanze hinunterspringen (siehe auch www.spiegel.de/deinspiegel/a-803947.html).

Ausschlaggebend:

_____

_____

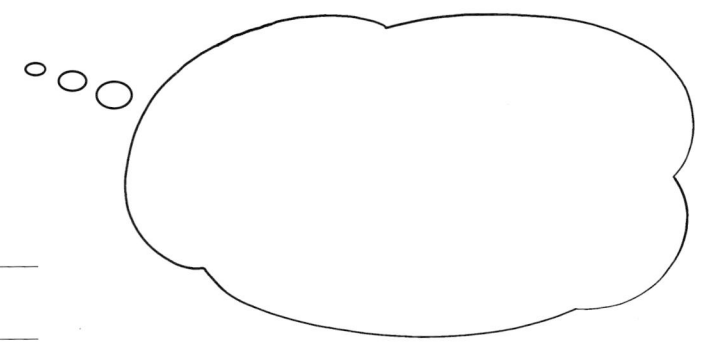

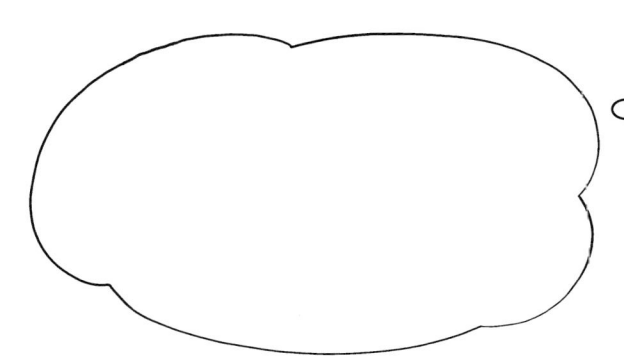

Robert Dekayser glaubte an seine Geschäftsidee und setzte dafür seine ganzen Ersparnisse aufs Spiel.

Ausschlaggebend:

_____

_____

Viele junge Ägypter überwanden ihre Angst und nahmen 2011 an den Demonstrationen und Protestaktionen gegen die Diktatur teil und kämpften für eine Revolution.

Ausschlaggebend:

_____

_____

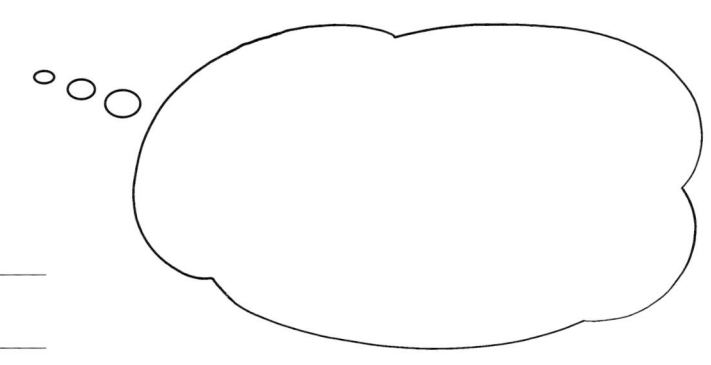

1. Welche Gedanken sind den Menschen vor ihrer Entscheidung durch den Kopf gegangen?

2. Warum haben sich diese Menschen ihren Ängsten gestellt und sie überwunden?

3. Was war das Ausschlaggebende für diese Entscheidung?

VON DER ANGST …

Ein Neuanfang: Die Jünger und das Pfingstereignis

Pfingsten war für die Jünger der Beginn von etwas ganz Neuem.

Neue Aufgaben:

- vor Menschen sprechen
- andere Menschen überzeugen
- andere Menschen heilen
- kritische und zweifelnde Menschen von Jesu Botschaft überzeugen
- die Botschaft Jesu verständlich machen

1. Wie werden die Jünger und die anderen Menschen mit dem „Neuen" konfrontiert? Markiert im Text.

Das Pfingstereignis (Apostelgeschichte 2,1–13)

Als der Pfingsttag gekommen war, befanden sich alle am gleichen Ort. Da kam plötzlich vom Himmel her ein Brausen, wie wenn ein heftiger Sturm daherfährt, und erfüllte das ganze Haus, in dem sie waren. Und es erschienen ihnen Zungen wie von Feuer, die sich verteilten; auf jeden von ihnen ließ sich eine nieder. Alle wurden mit dem Heiligen Geist erfüllt und begannen, in fremden Sprachen zu reden, wie es der Geist ihnen eingab. In Jerusalem aber wohnten Juden, fromme Männer aus allen Völkern unter dem Himmel.

Als sich das Getöse erhob, strömte die Menge zusammen und war ganz bestürzt; denn jeder hörte sie in seiner Sprache reden. Sie gerieten außer sich vor Staunen und sagten: Sind das nicht alles Galiläer, die hier reden? Wieso kann sie jeder von uns in seiner Muttersprache hören: Parther, Meder und Elamiter, Bewohner von Mesopotamien, Judäa und Kappadozien, von Pontus und der Provinz Asien, von Phrygien und Pamphylien, von Ägypten und dem Gebiet Libyens nach Zyrene hin, auch die Römer, die sich hier aufhalten, Juden und Proselyten, Kreter und Araber, wir hören sie in unseren Sprachen Gottes große Taten verkünden. Alle gerieten außer sich und waren ratlos. Die einen sagten zueinander: Was hat das zu bedeuten? Andere aber spotteten: Sie sind vom süßen Wein betrunken.

2. Sucht Adjektive, die zum Pfingstereignis passen!

unerwartet, bestürzend _____

_____

3. Wovor genau hatten die Jünger nun wohl Angst?

4. Was wäre passiert, wenn die Jünger ihre Angst nicht überwunden hätten? Schreibt einen kurzen Text.

Warum haben wir überhaupt Angst?

So ganz ohne Angst – ganz schön toll, oder nicht?

„Ich habe mein ganzes Geld verspielt!"

„Mit 180 km/h verunfallt"

WARUM IST ANGST SINNVOLL?

Ein wahrer Fall: „Eine Frau ohne Angst"

Eine durch einen Unfall erlittene Schädigung in der Amygdala, einem Teil des Gehirns, macht eine 44-jährige US-Amerikanerin komplett furchtlos. Sie kann absolut keine Furcht empfinden. Wissenschaftler führten verschiedene Tests mit der Frau durch, um zu verstehen, wozu Angst gut ist. Zum Beispiel wurde sie einmal in eine Tierhandlung geschickt. Obwohl die Frau bis zu ihrem Unfall Angst vor Schlangen und Spinnen hatte, hätte sie jetzt sogar nach den giftigen Spinnen und Schlangen gegriffen – wenn man sie nicht daran gehindert hätte. Die Frau war selber von ihrem Verhalten überrascht. Auch bei den schrecklichsten Horrorfilmen spürte sie auf einmal keine Angst mehr.

Wissenschaftler wollen herausgefunden haben, dass die Amygdala eine lebenswichtige Funktion hat: Sie schützt uns vor gefährlichen Situationen.

1. Warum ist Angst sinnvoll? Beschriftet die Pfeile.

2. Wovor bewahrt einen die Angst?

_____
_____
_____

3. Wie wäre eine Welt, in der es keine Angst gäbe? Schreibt einen Text.

VON DER ANGST …

„The German Angst" – Klischee oder wahr?

Mit dem Begriff „German Angst" wird auf Englisch ein als typisch deutsch wahrgenommenes Phänomen beschrieben. Dieser Begriff ist eine bewusste Kombination aus einem englischen und einem deutschen Begriff, da es kein vergleichbares Wort auf Englisch gibt. Auf Deutsch könnte man diesen Begriff als „typisch deutsche Zögerlichkeit" oder eine Art typischen Pessimismus umschreiben. „The German Angst" sei in verschiedenen Bereichen zu beobachten: in der Politik, in der Wirtschaft usw.

1. Leiden die Deutschen tatsächlich unter einer „German Angst"? Überlegt euch Pro- und Kontra-Beispiele.

PRO	KONTRA

2. Wie könnte unsere Gesellschaft lernen, die „German Angst" zu überwinden? Überlegt euch für jeden Bereich 2–3 konkrete Maßnahmen.

Politik

Wirtschaft

Medien

3. Mittlerweile gibt es Meldungen, die behaupten, die „German Angst" sei überwunden. Lest dazu den Artikel aus der Süddeutschen Zeitung: http://sz-magazin.sueddeutsche.de/texte/anzeigen/28668. Fasst den Text zusammen.

Angst – die beste Lehrerin!

08:05	Sehr gefährlich: „Angst vor der Angst"
08:50	In den Spiegel deiner Seele blicken
09:20	Über sich selber nachdenken
10:30	Die Quelle persönlichen Wachstums entdecken
11:10	Die eigenen Ziele hinterfragen
12:00	Veränderungen – erwünscht oder unerwünscht?
13:00	Veränderungsprozesse in Gang setzen

Renata K.:
„Ich hatte echt große Mühe, alleine zu sein. Ich habe alles unternommen, um ja nie in diese Situation zu geraten. Ich war ständig auf Achse, habe immer Freunde eingeladen oder bin abends weggegangen – nur um nicht alleine in der Wohnung sein zu müssen. Bis ich mich irgendwann gefragt habe: Warum hast du Angst und wovor genau?"

Sich mit den Ängsten auseinandersetzen

- jeden Abend Tagebuch schreiben
- in die Kirche gehen und sich Gedanken machen
- regelmäßig spazieren gehen
- _____
- _____

Anleitung

- _____
- _____
- _____
- _____
- _____

1. Was können wir von der Angst lernen?

2. Wie könnte man sich regelmäßig bewusst mit den eigenen Ängsten auseinandersetzen? Überlegt euch Beispiele und verfasst für ein Beispiel eine konkrete Anleitung.

3. „Der Angst ins Gesicht blicken" – Verfasst einen Dialog, in dem ihr euch mit der Angst über euer Verhältnis bzw. eure Beziehung unterhaltet.

Die Macht der Angst

„Wer Angst hat, hat schon verloren."

1. Was fällt euch zu diesem Zitat ein? Diskutiert miteinander und schreibt eure Gedanken auf.

> Auswertungen von Flugzeug- und anderen Katastrophen haben ergeben, dass Angst bzw. Panik die Betroffenen oft völlig irrational reagieren lässt: z. B. verstreichen viele Sekunden, manchmal sogar Minuten, in denen die Betroffenen völlig gebannt die Flammen beobachten oder miteinander über die Ereignisse diskutieren, anstatt so schnell wie möglich die Flucht zu ergreifen. Protokolle von Rettungskräften zeigen: Es ist gar nicht so selten, dass Menschen in ein brennendes Haus rennen, weil sie glauben, dort Schutz zu finden.
> Es gibt auch Menschen, die vor lauter Panik in einen unvernünftigen Aktionismus verfallen (möglichst viel machen, ohne einen Plan zu haben) – das ist zum Beispiel bei brenzligen Situationen in der Wirtschaft zu beobachten. (Informationen: Klaus-Jürgen Grün: „Angst")

Warum verhalten sich Menschen in Angst irrational?

☐ sie sind vor Angst total gelähmt

☐ sie sind überfordert

☐ sie wollen sich nicht blamieren

☐ sie unterschätzen die Gefahr

☐ in der Gefahr denkt das Gehirn viel langsamer

☐ in der Gefahr fällt logisches Denken oft schwer

☐ _____

☐ _____

☐ _____

2. Wie lässt sich das irrationale Verhalten in Katastrophensituationen erklären? Kreuzt an und sucht weitere Argumente.

3. Was können wir aus diesen und anderen Berichten (z. B. das Verhalten der Jünger, als sie mit Jesus auf einem Schiff in einen Sturm geraten) lernen? Wie bereitet man sich am besten auf solche Situationen vor?

Angst vor dem Weltuntergang

Die Angst vor dem drohenden Weltuntergang beschäftigt die Menschen schon lange. Viele Kinofilme setzen sich mit dem Thema auseinander.

„THE DAY AFTER"

Inhalt: Kansas City gibt es nicht mehr. Vom Tode gezeichnet, steht Dr. Oates in den Trümmern seiner Heimatstadt. Der Tag nach dem atomaren Schlagabtausch zwischen den beiden Supermächten USA und Sowjetunion (Russland und weitere osteuropäische Länder) bietet ein Bild des Grauens: Sämtliche Versorgungssysteme sind zusammengebrochen, die Krankenhäuser überfüllt, die Ärzte überfordert. Wer den Feuersturm überstanden hat, kämpft jetzt ums nackte Überleben, um Wasser und Brot für die nächste Mahlzeit. Ein verzweifeltes „Jeder gegen jeden" beginnt.

Erfolgreiche Endzeitfilme:	Inhalt:
The Day After	
I Am Legend	
Quiet Earth	
The Road	
Children Of Men	
12 Monkeys	

1. Sucht Infos zu den Inhalten der Filme und schreibt sie in die Tabelle. Ihr könnt auch Gruppen bilden: Jede Gruppe recherchiert zu einem anderen Film.

2. Was ist typisch für einen Endzeitfilm?

3. Warum sind Endzeitfilme so erfolgreich?

VON DER ANGST …

Die Lust am Weltuntergang

Seit Menschengedenken wurden immer wieder Weltuntergangstermine vorhergesagt und Menschen damit in Angst und Schrecken versetzt.

> 22.12.2012: Die Maya hielten dieses Jahr für das Ende ihres letzten Zyklus, danach wird die Welt vergehen. An diesem Dezembertag sollte die Venus im Westen untergehen, die Plejaden im Osten aufgehen. Die Sonne sollte untergehen, während hingegen plötzlich der Orion zu sehen wäre.

> 31.12.1999: Dieses Datum löste eine weltweite Hysterie aus: Sektenführer waren überzeugt, dass an diesem Tag die Welt untergeht. Hintergrund war die Angst, dass die Computer nicht auf den Jahrtausendwechsel („Millennium") vorbereitet waren und die Computersysteme zusammenbrechen würden.

> 1975: Die Zeugen Jehovas glaubten, dass in diesem Jahr die Welt untergeht. Passiert ist nichts. Da sie vorher schon falsche Daten genannt hatten, werden seither keine Termine mehr veröffentlicht.

Zahlreiche Sekten lehren apokalyptische Vorstellungen. Diese stellen einen zentralen Inhalt des Glaubens dar. Der Weltuntergang wird von religiösen Kräften oder Instanzen (z.B. Gott) in Gang gesetzt. Religionswissenschaftler lehren, dass ein radikaler Glaube häufig zur Erwartung einer baldigen Apokalypse führt. Solche Menschen sehnen sich sogar nach dem Weltuntergang und möchten ihn live miterleben. Sie richten sich total auf das Jenseits. Die diesseitige Welt wird unbedeutend. Sie ist ja etwas Negatives und Bedrohliches und ein Gegensatz zum Jenseits. Die Konsequenz ist: Die Menschen konzentrieren sich komplett auf das Jenseits und entfremden sich von der realen Welt. Beispiele dafür gibt es viele. Die Zeugen Jehovas veröffentlichten schon fünfmal konkrete Endzeitdaten. Die Gläubigen bereiteten sich stets vor – vergeblich. Trotzdem gibt es noch heute Gläubige, die auf Kinder verzichten oder keinen Beruf lernen, weil sie glauben, das Gelernte nicht mehr anwenden zu können.

1. Warum freuen sich manche Menschen auf den Weltuntergang? Welche Sicht von der Welt haben sie?

2. Warum könnte man die totale Konzentrierung auf die Apokalypse als Sünde bezeichnen?

3. Recherchiert in Kleingruppen im Internet zu einer der folgenden Weltuntergangsprophezeiungen: 31.12.1999 – Weltuntergangsvisionen von Uriella – Maya-Weltuntergang. Haltet eure Ergebnisse auf einem Plakat fest. Darauf sollten mindestens diese Fragen beantwortet werden: Was sollte passieren? Worauf (welche Quelle usw.) stützte sich die Prophezeiung? Welche Konsequenzen hatte die Prophezeiung? Was löste sie aus?

Apokalypse: Die Bibel und der Weltuntergang

Die Apokalypse in der Bibel ist nicht identisch mit dem „Weltuntergang", wie er umgangssprachlich verwendet wird.

- Im Buch Offenbarung des Johannes (Neues Testament) wird von der Apokalypse berichtet.
- Der Begriff Apokalypse kommt aus dem Griechischen und heißt nicht „Untergang", sondern „Enthüllen".
- Der Tag, an dem Jesus auf die Erde zurückkehrt
- Die Apokalypse ist die Wende vom Unheil zum Heil.
- Der Zeitpunkt der Apokalypse ist von Gott festgelegt.
- Endkampf Gottes gegen den Satan
- Auferstehung der Toten
- Strafgericht Gottes
- Errichten des Reiches Gottes auch auf der Erde
- Die Welt wird von Grund auf verwandelt.
- Endgültige Gerechtigkeit

Motive:

Die Apokalypse steckt voller Bilder und eindrücklicher Motive. Viele davon wurden immer wieder in der Kunst thematisiert. Heute kommen sie auch immer wieder in Filmen oder Songs vor (z. B. in den Liedern der Band Glashaus oder von Xavier Naidoo).

	Bibelstelle	**Aussehen**	**Bedeutung**
Cherubim ⟶	Ezechiel, 1,4–19		
Vier Apokalyptische Reiter ⟶	Offenbarung, Kap. 6		
„Neues Jerusalem" ⟶	Offenbarung, Kap. 21		

1. Sucht im Internet Informationen zu den drei Apokalypse-Motiven und schreibt sie auf.

2. Worin unterscheiden sich die Weltuntergangsszenarien in Katastrophenfilmen von den biblischen Apokalypse-Berichten?

3. Müssen wir Angst vor dem Weltuntergang haben? Diskutiert.

Keine Angst vor dem Bösen

Im Vaterunser beten Christen: „Und erlöse uns von dem Bösen".

„Und er hörte nicht auf, auf sie einzuprügeln. Dabei lag sie sowieso schon bewusstlos auf dem Boden. Wir kannten ihn gar nicht mehr wieder – woher hatte er so viel Kraft und Aggression? Wir versuchten, ihn zurückzuhalten, und waren gleichzeitig total geschockt …"

„Total heimtückisch hat sie ihre Intrige über mich gespannt und überall in Umlauf gebracht. Dabei hatte sie gar keinen Grund dazu."

1. Was haben die dargestellten Situationen gemeinsam? Warum machen sie uns Angst?

_____
_____
_____
_____

2. Was ist mit dem „Bösen" im Vaterunser-Gebet gemeint? Sucht Beispiele aus der Gegenwart.

_____
_____
_____
_____

3. Wie tritt das „Böse" in Erscheinung bzw. welche Tricks wendet es an?

_____
_____
_____
_____

4. Muss man als Christ wirklich Angst haben vor dem Bösen?

_____
_____

Thriller: Lust auf Angst!

Die Achterbahn auf dem Rummelplatz, ein Sprung mit dem Bungeejumping-Seil, der spannende Horror-Thriller – Menschen versetzen sich freiwillig in Angst und haben großen Spaß daran.

Thriller	Achterbahn

*Thriller = ein Film, in dem die Spannung nicht nur in kurzen Passagen, sondern fast während des gesamten Handlungsverlaufs präsent ist; der Zuschauer ist einem ständigen Wechsel zwischen Anspannung und Erleichterung ausgesetzt.

**Angstlust = ein Gefühl, wenn man sich freiwillig einer Gefahr aussetzt, aber gleichzeitig zuversichtlich ist, dass alles gut endet; Aufgeben und Wiedererlangen von Sicherheit; Mischung aus Furcht, Wonne und Hoffnung.

> **Die Freude am Gruseln**
>
> **Thriller*** und Horrorfilme sind deshalb so beliebt, weil sie die **Angstlust**** ansprechen. Die meisten Thriller enden mit einer Auflösung der Angst: Die Bösewichte werden vernichtet und der Held des Films siegt. Dieses Prinzip ist uralt: Auch bei den Märchen läuft es ähnlich ab. Das vermittelt dem Zuschauer / Leser ein gutes Gefühl. Manche glauben sogar, dass sie durch Märchen und Horrorfilme lernen können, wie sie sich in bestimmten Gefahrensituationen verhalten müssen.
> Es ist kein Zufall, dass viele Märchen und Thriller die typischen Ängste der Menschen thematisieren: Gewalt, Tod, Kontrollverlust oder auch Angst vor der Angst selbst.

1. Wie müssen ein Thriller und eine Achterbahn optimal konstruiert sein, damit sie den Menschen Spaß machen? Schreibe in die Kästen.

2. Warum schauen sich Menschen freiwillig Thriller an oder fahren Achterbahn?

_____

_____

_____

3. „Wenn Thriller uns beim Umgang mit der Angst helfen, könnte man eigentlich auf Altersfreigaben verzichten und der Brutalität wären keine Grenzen gesetzt." – Diskutiert in Kleingruppen diese Aussage.

Angst – die beste Werbung!

70% aller Frauen über 30 haben **Eisen**mangel! … unsere Kapseln helfen Ihnen!

Wirtschaftskrise? Fallende Aktienkurse?! Bei uns ist Ihr Geld absolut sicher angelegt!

Herbstzeit **Einbruchs**zeit … noch bis Ende der Woche: **20 %** auf alle Alarmanlagen!

Nicht nur Firmen, sondern auch manche Religionsgemeinschaften sprechen gezielt Ängste an: Es gibt immer wieder Religionsgemeinschaften und Sekten, die Menschen in Angst versetzen, um sie zu ihrem Glauben zu bekehren. Im Mittelalter versetzte die Kirche die Menschen mit Drohungen vom Höllenfeuer und Teufel in Angst und Schrecken.

ENTSCHEIDUNG   EVANGELIUM = FROHBOTSCHAFT   FREIHEIT
FREIWILLIGE
NICHT ERZWINGBAR   DRUCK   ZWANG

1. Überlegt euch zwei weitere Beispiele aus der Werbung, die an Ängste appellieren. Warum sorgt Werbung, die unsere Ängste anspricht, für mehr Aufmerksamkeit?

2. Warum ist es unchristlich, Menschen mit ihrer Angst zu ködern? Argumentiert mithilfe der aufgeführten Begriffe.

3. Beobachtet in den nächsten Tagen, wie viele Werbungen im Internet, Fernsehen, Zeitungen … gezielt unsere Ängste ansprechen!

VON DER ANGST …

Die Bibel – das Buch der Hoffnung!

Lässt sich die Bibel als das „Buch der Hoffnung" bezeichnen?

> Die Bibel ist ein **Fenster** in dieser engen Welt, durch das wir in die **Ewigkeit** zu schauen vermögen.
> *Timothy Dwight, 1752–1817, US-amerikanischer Theologe, Gelehrter, Politiker und Dichter*

> Die Bibel ist das Buch, dessen Inhalt selbst von seinem göttlichen Ursprung zeugt. Die Bibel ist **mein edelster Schatz, ohne den ich elend wäre**.
> *Immanuel Kant, 1724–1804, deutscher Philosoph*

> **Die Heilige Schrift lesen, heißt von Christus Rat holen.**
> *Franz von Assisi, 1181–1226, italienischer Heiliger, Gründer des Franziskanerordens*

Was ist die Bibel?

	richtig	falsch
„Buch der Bücher"	☐	☐
„Heilige Schriften des Christentums"	☐	☐
„Originaltexte in Hebräisch / Aramäisch (Altes Testament) und Griechisch (Neues Testament)"	☐	☐
„Vom Heiligen Geist inspiriert"	☐	☐
„Von Menschen geschrieben"	☐	☐
„Wort Gottes"	☐	☐

1. Was erwartet ihr von einem „Buch der Hoffnung"? Was muss darin stehen? Schreibt stichwortartig in das Buch.

2. Vergleicht eure Stichwörter mit der Bibel. Treffen alle auf die Bibel zu? Welche nicht?

3. Welche Bedeutung hat die Bibel für euch bzw. für andere Menschen? Diskutiert miteinander.

... ZUR HOFFNUNG

Wie die Bibel Hoffnung vermittelt

| „Die Auferstehung Jesu" | „Der barmherzige Samariter" | „Arche Noah" |

Bibelstelle	Aussage
Kohelet 9,4	
Thessalonicher 2,16–17	
1 Könige 19,1–13a	
Matthäus 15,21–28	
Johannes 6,1–15	

1. Schlagt die Bibelstellen nach und schreibt eine Zusammenfassung in die leeren Felder.

2. Macht die Bibel einem wirklich Hoffnung?

3. Wählt eine Bibelstelle aus und malt ein Bild oder ein Plakat, das die Aussage des Zitates illustriert. Anschließend könnt ihr eine kleine Ausstellung mit allen Bildern machen.

... ZUR HOFFNUNG

Dietrich Bonhoeffer (Nazi-Widerstand): Angst überwinden

Dietrich Bonhoeffer (geb. 1906) war ein evangelischer Pfarrer und engagierte sich im Widerstand gegen das Nazi-Regime. 1943 wurde er verhaftet, ins Gefängnis von Berlin-Tegel und anschließend ins Konzentrationslager gesteckt und 1945 hingerichtet. Im Gefängnis schrieb er zahlreiche Briefe und Texte.

Von guten Mächten (Dietrich Bonhoeffer)

1. Von guten Mächten treu und still umgeben
behütet und getröstet wunderbar, –
so will ich diesen Tag mit euch leben
und mit euch gehen in ein neues Jahr;

2. noch will das alte unsre Herzen quälen
noch drückt uns böser Tage schwere Last,
Ach Herr, gib unsern aufgeschreckten Seelen
das Heil, für das Du uns geschaffen hast.

3. Und reichst Du uns den schweren Kelch, den bittern,
des Leids, gefüllt bis an den höchsten Rand,
so nehmen wir ihn dankbar ohne Zittern
aus Deiner guten und geliebten Hand.

4. Doch willst Du uns noch einmal Freude schenken
an dieser Welt und ihrer Sonne Glanz,
dann woll'n wir des Vergangenen gedenken,
und dann gehört Dir unser Leben ganz.

5. Laß warm und hell die Kerzen heute flammen
die Du in unsre Dunkelheit gebracht,
führ, wenn es sein kann, wieder uns zusammen!
Wir wissen es, Dein Licht scheint in der Nacht.

6. Wenn sich die Stille nun tief um uns breitet,
so laß uns hören jenen vollen Klang
der Welt, die unsichtbar sich um uns weitet,
all Deiner Kinder hohen Lobgesang.

7. Von guten Mächten wunderbar geborgen,
erwarten wir getrost, was kommen mag.
Gott ist bei uns am Abend und am Morgen
und ganz gewiß an jedem neuen Tag.

Geschrieben Ende 1944 m Kellergefängnis
der Prinz-Albrecht-Straße in Berlin.

„..., daß Gott sich gerade dorthin wendet, wo die Menschen sich abzuwenden pflegen, daß Christus im Stall geboren wurde, weil er sonst keinen Raum in der Herberge fand, – das begreift ein Gefangener besser als ein anderer und das ist für ihn wirklich frohe Botschaft, ..."

(Brief an seine Eltern, Gefängnis Berlin-Tegel am 17.12.1943)

„Ich glaube, daß Gott uns in jeder Notlage so viel Widerstandskraft geben will, wie wir sie brauchen. Aber er gibt sie nicht im Voraus, damit wir uns nicht auf uns selbst, sondern allein auf ihn verlassen."

(aus: „Rechenschaft an der Wende zum Jahr 1943", im Gefängnis Berlin-Tegel)

Aus rechtlichen Gründen müssen die Texte in alter Rechtschreibung wiedergegeben werden.

1. Lest die Texte. Welches Bild hat Dietrich Bonhoeffer von Gott?

2. Warum ist Dietrich Bonhoeffer für viele Menschen ein Vorbild?

3. Kann Bonhoeffers Text auch heute eine Hilfe sein? Argumentiert und überlegt euch konkrete Beispiele.

Hoffnung – was ist das?

Hoffnung – meine Definition:

☐ „Es ist ein Wunder, dass ich all meine Hoffnungen noch nicht aufgegeben habe, denn sie erscheinen absurd und unerfüllbar. Doch ich halte daran fest, trotz allem, weil ich noch stets an das Gute im Menschen glaube." – *Anne Frank Tagebucheintrag, 15. Juli 1944, Lambert Schneider Verlag, Hamburg, 1958, S. 282.*

☐ „Irgendeine Hoffnung muss der Mensch haben, soll er nicht verdorren und verwelken." *Paul Busson*

☐ „Wir wollen in der Freude nicht der Gottesfurcht vergessen und im Leid die Hoffnung niemals aufgeben." *Gregor von Nazian*

☐ „Im Reich der Hoffnung wird es nie Winter." *Aus Russland*

☐ „Hoffnung ist ein gutes Frühstück, aber ein schlechtes Abendbrot." *Francis Bacon*

☐ „,Und ich habe mich so gefreut!', sagst du vorwurfsvoll, wenn dir eine Hoffnung zerstört wurde. Du hast dich gefreut – ist das nichts?" *Marie von Ebner-Eschenbach*

☐ „Die Hoffnung ist wie Zucker im Kaffee: Auch wenn sie klein ist, versüßt sie alles." *Aus Lettland*

☐ „Hoffnung ist eine Art Glück, vielleicht das größte Glück, das diese Welt bereithält." *Samuel Johnson*

☐ _____

☐ _____

1. Lest die Zitate durch. Kennt ihr noch weitere Zitate? Schreibt sie auf. Erstellt anschließend eure persönlichen „Top 10": Das Zitat, das euch am meisten anspricht, landet auf dem 1. Platz.

2. Was ist Hoffnung für euch? Verfasst eine eigene Definition und schreibt sie in die weiße Fahne.

… ZUR HOFFNUNG

Martin Luther-Legende: „Wenn ich wüsste, dass morgen die Welt unterginge ..."

Lange Zeit war man überzeugt, dass folgendes Zitat vom Reformator Martin Luther stammt. Heute ist umstritten, ob tatsächlich Luther diesen Satz formuliert hat. Doch egal, von wem das Zitat stammt, seine Bedeutung ist trotzdem aktuell:

15...: *„Wenn ich wüsste, dass morgen die Welt untergeht, würde ich heute ein Apfelbäumchen pflanzen!"* (Martin Luther)

20...: *„Wenn ich wüsste, dass morgen die Welt untergeht, würde ich heute _____."*

1. Warum wird im Zitat gerade das Beispiel Apfelbäumchen genannt?

2. Überlegt euch neue Beispiele für das Apfelbäumchen aus unserer Zeit.

Nicht nur 1 Baum, sondern 1 Million!

Auch der 14-jährige Felix Finkbeiner hat eine Hoffnung, die sich vielleicht erst nach vielen Jahren erfüllen wird: Er will 1 Million Bäume pflanzen, um den Klimawandel zu verhindern. Und manchmal geht es doch viel schneller!

Felix' Idee ging um die Welt und aktivierte viele Menschen, ihn zu unterstützen. Bis heute wurden bereits 12 612 377 756 Bäume gepflanzt!

Weitere Informationen: www.plant-for-the-planet.org

PRO	KONTRA

3. Ist die Einstellung, die im Zitat vermittelt wird, nicht absurd? Sammelt zu zweit Pro- und Kontra-Argumente!

... ZUR HOFFNUNG

Schutzengel – alles nur Kitsch und Aberglaube?

Christen vertrauen darauf, dass Gott ihnen einen Schutzengel zur Seite gestellt hat, der sie begleitet und beschützt.

Die Deutschen glauben laut einer Umfrage eher an Schutzengel als an Gott. 66 Prozent sind überzeugt, dass es Schutzengel gibt, während nur 64 Prozent an die Existenz Gottes glauben, wie eine Forsa-Umfrage für das Magazin „Geo" ergab.

Schutzengel – überall!

WO?	IN WELCHER GESTALT?

1. Wo überall sind euch schon Schutzengel-Bilder, -Skulpturen, -Songtexte usw. begegnet? Schreibt in die Tabelle.

2. Warum sind Schutzengel so beliebt?

Während die einen fest an Schutzengel glauben, tun die anderen dies als Aberglaube ab. „Aberglaube" (zum Beispiel in Form des Glaubens an Vorzeichen) ist bei Deutschen heute verbreiteter als noch vor rund 30 Jahren. Bei einer Befragung 2005 gaben 42 Prozent an, ein vierblättriges Kleeblatt als positives Vorzeichen zu sehen (in den 1970er Jahren: 26 Prozent). 40 Prozent deuten eine Sternschnuppe als ein Zeichen (in den 1970er-Jahren: 22 Prozent). 28 Prozent sind überzeugt, dass man bei der Zahl 13 aufpassen muss (in den 1970er-Jahren: 17 Prozent). Menschen neigen dazu, Ereignisse miteinander zu verknüpfen bzw. in einen Zusammenhang zu bringen. Wenn zum Beispiel eine Person in verschiedenen Situationen erfolgreich war und irgendwann feststellt, immer dasselbe T-Shirt getragen zu haben, empfindet sie das T-Shirt häufig als Talisman.

3. Wann verkommt der Schutzengelglaube zum Aberglauben? Diskutiert und überlegt euch anschließend zwei konkrete Beispiele.

Beispiel 1: *„Sie darf auf keinen Fall vergessen, das Schutzengel-Amulett mitzunehmen. Denn wenn sie es nicht dabei hat, geschieht etwas Schlimmes …"*	Beispiel 2:	Beispiel 3:

4. Verfasst eine Predigt, in der ihr vor einem „abergläubischen" Engelglauben warnt und zu einem vernünftigen Schutzengelglauben einladet.

(Schutz-)Engel in der Bibel

1. Was sagt die Bibel über Schutzengel? Schlagt die Bibelstellen nach und schreibt eine Zusammenfassung auf.

Bibelstelle	Zusammenfassung
1 Korinther 4,9	
Lukas 16,22	
Matthäus 18,10	
Apostelgeschichte 12,23	
Apostelgeschichte 8,26	
Hebräer 1,13–14	
Psalm 91,11	
Apostelgeschichte 27,23–24	

2. Was ist ein Engel nach biblischer Vorstellung? Verfasst eine eigene Definition.

Definition: _____

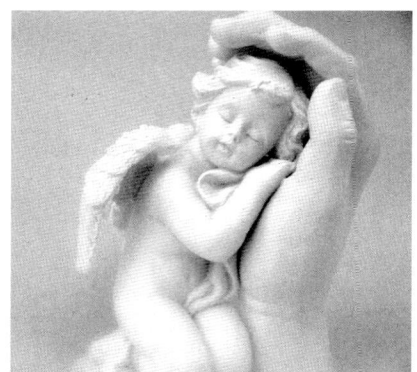

3. Vergleicht die Schutzengel aus der Bibel mit den Schutzengel-Darstellungen aus der Gegenwart. Was sind die Unterschiede?

4. Glaubt ihr an Schutzengel?

... ZUR HOFFNUNG

Die Engelbilder von Paul Klee

Der Maler und Grafiker Paul Klee (1879–1940) gehört zu den wichtigsten bildenden Künstlern der Klassischen Moderne. Klee hat im Laufe seines Lebens zahlreiche Engelbilder gemalt.

Paul Klee 1911,
Foto von Alexander Eliasberg

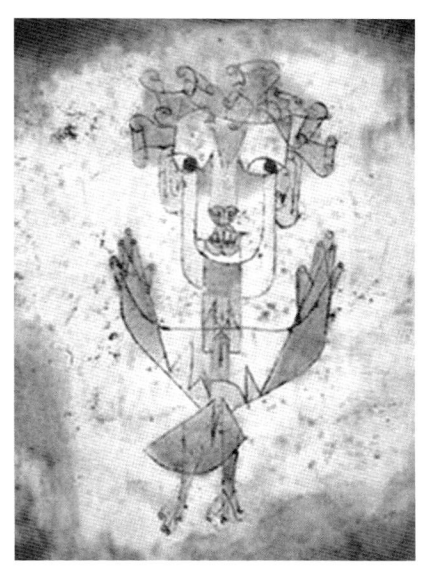

Angelus Novus von Paul Klee, 1920,
Israel-Museum, Jerusalem

1. Beschreibt das Bild „Angelus Novus" mit eigenen Worten und verfasst eine Interpretation.

Der Philosoph Walter Benjamin (1892–1940) war von Klees „Angelus Novus" (1920) besonders beeindruckt. In seiner „Geschichtsphilosophischen These IX" schreibt er:

„Es gibt ein Bild von Klee, das Angelus Novus heißt. Ein Engel ist darauf dargestellt, der aussieht, als wäre er im Begriff, sich von etwas zu entfernen, worauf er starrt. Seine Augen sind aufgerissen, sein Mund steht offen und seine Flügel sind ausgespannt. Der Engel der Geschichte muss so aussehen. Er hat das Antlitz der Vergangenheit zugewendet. Wo eine Kette von Begebenheiten vor uns erscheint, da sieht er eine einzige Katastrophe, die unablässig Trümmer auf Trümmer häuft und sie ihm vor die Füße schleudert. Er möchte wohl verweilen, die Toten wecken und das Zerschlagene zusammenfügen. Aber ein Sturm weht vom Paradiese her, der sich in seinen Flügeln verfangen hat und so stark ist, dass der Engel sie nicht mehr schließen kann. Dieser Sturm treibt ihn unaufhaltsam in die Zukunft, der er den Rücken kehrt, während der Trümmerhaufen vor ihm zum Himmel wächst. Das, was wir den Fortschritt nennen, ist dieser Sturm."

2. Wofür steht der „Angelus Novus" für Walter Benjamin?

„Ohne sich gleich in verwickelte Analysen über religiöse oder spirituelle Hintergründe zu verlieren, sind Klees Engel nicht nur vordergründig ironisch oder tragisch. Ich denke, die Engel in den Bildern Klees sind doch oft Abbild eines inneren Engels des Künstlers, der das Engelbild der Geschichte verwandelt und verwendet hat als eine Art Katalysator, der Tiefgehendes, Emotionales und Hintergründiges zu Bildsprache werden lässt." (Zitat von Alexander Klee, in: Boris Friedewald: „Die Engel von Paul Klee", Du Mont Buchverlag Köln 2012, S. 8)

„Kunst gibt nicht das Sichtbare wieder, sondern Kunst macht sichtbar." (Paul Klee, 1924)

3. Was könnten die Beweggründe sein, dass Paul Klee so viele Engel gemalt hat? Welche Bedeutung hatten Engel für ihn?

4. Was sind die Gemeinsamkeiten von Klees Engelverständnis mit dem biblischen Engelverständnis? Was sind die Unterschiede?

Verlorene Hoffnung – falsches Gottesbild?

Jenny: „Es hat alles keinen Sinn mehr! Die Ärzte haben alles versucht."

Tim: „Das war mein letzter Versuch! Jetzt habe ich mich oft genug beworben!"

Reinhard: „Wir müssen die Firma leider schließen. Einen weiteren Versuch kann ich mir nicht mehr vorstellen …"

1. Welches Bild hat jemand, der alle Hoffnung aufgegeben hat, von Gott? Schreibt in den Bilderrahmen.

„Die Hoffnungslosigkeit ist schon die vorweggenommene Niederlage."
Karl Jaspers

2. Entspricht dieses Bild eurem Gottesbild bzw. wird Gott so in der Bibel beschrieben?

Mein Gottesbild

3. Warum ist es eine Sünde, die Hoffnung aufzugeben?

Kirche – Ort der Hoffnung?

Christen leben aus der Hoffnung, die ihnen Jesus versprochen hat. Gleichzeitig haben sie auch den Auftrag, dass andere Menschen in unserem Alltag Hoffnung erfahren.

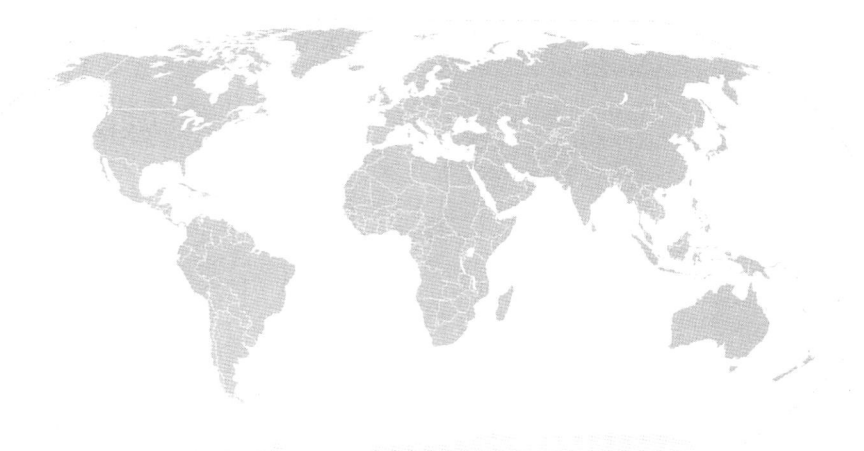

1. Welche kirchlichen Hilfsangebote gibt es vor Ort, in unserem Land, weltweit? Schreibt in die Kreise.

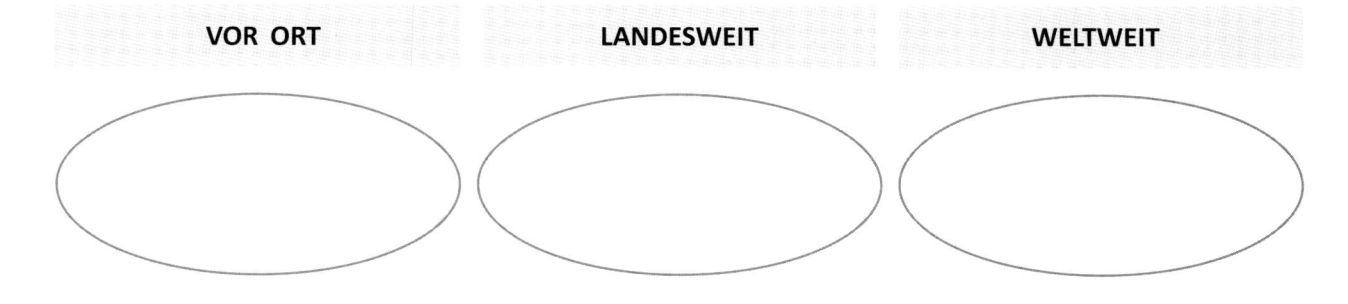

VOR ORT	LANDESWEIT	WELTWEIT

2. Warum engagiert sich die Kirche für andere?

_____

_____

3. Die Kirchen betreiben auch eigene Schulen, Krankenhäuser usw. Worauf wird da wohl noch mehr Wert gelegt als in staatlichen Einrichtungen?

Kirchliche Schulen ⟷ Staatliche Schulen

Kirchl. Krankenhäuser ⟷ Staatliche Krankenhäuser

Kirchl. Hilfsorganisationen ⟷ Nicht kirchl. Hilfsorganisationen

(Caritas, Brot für die Welt, …)

_____

_____

4. In welchen Bereichen müsste sich Kirche heute engagieren, um anderen Menschen Hoffnung zu machen? Sammelt Ideen und verfasst anschließend für eine Idee ein Konzept.

Konzept:	Für wen?	Biblische Begründung?
Projekt:	Was?	
Wo:	Kosten (geschätzt)?	

… ZUR HOFFNUNG

Fazenda da Esperança

„Fazenda da Esperança" ist ein kirchliches Projekt, das sich zur Aufgabe gemacht hat, Menschen Hilfe zu leisten, die in Krisen geraten sind. Es entstand vor 25 Jahren in Brasilien. Mittlerweile gibt es schon an über siebzig Orten auf der ganzen Welt (z.B. in Nauen bei Berlin) Höfe, auf denen jungen Menschen geholfen wird, von ihrer Drogen- oder Alkoholabhängigkeit loszukommen. Gerade in den deutschsprachigen Ländern befinden sich die Fazendas oft an abgelegenen Orten bzw. in Randregionen oder sind in Klöstern, die aufgrund von Nachwuchsmangel geschlossen werden mussten, zu finden.

Die Menschen leben, arbeiten, feiern und beten in kleinen Gruppen. Das Motto des Hofes lautet: „Rekuperation". Wörtlich übersetzt heißt der Begriff „sich selbst wiedergewinnen". Damit gemeint ist ein „Prozess des Neu-Werdens im ganzheitlichen Sinne" – um den Anfang für ein neues Leben zu machen. Der Hof steht Christen aller Konfessionen offen. Die Finanzierung wird durch die eigene Arbeitsleistung der Bewohner, den Verkauf von selbst hergestellten Produkten (z.B. in Hofläden) und Spenden gesichert. Die Fazendas bieten so etwas wie eine „Reha-Maßnahme + Spiritualität". Weitere Infos: www.fazenda.de

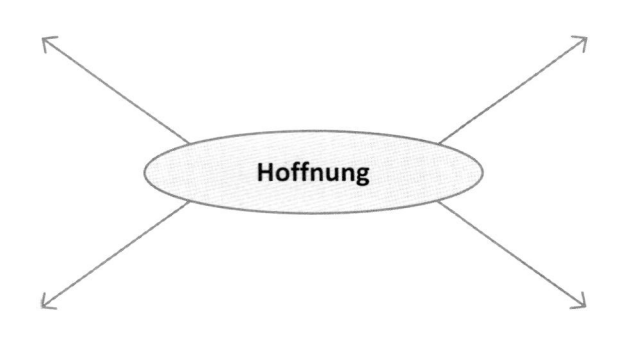

Hoffnung

1. In welcher Form schenkt Fazenda da Esperança Menschen Hoffnung?

2. Was unterscheidet die Fazendas von gewöhnlichen Rehabilitationsangeboten bzw. Suchtkliniken?
   Es gibt auch nicht-kirchliche Initiativen und Bewegungen, die Hoffnung ganz konkret zu realisieren versuchen:
   „Fair Trade-Bewegung"   „Occupy-Bewegung"   „Pussy Riot"-Aktivistinnen

3. Bildet Kleingruppen. Jede Gruppe recherchiert zu einer der drei Initiativen und gestaltet ein Plakat dazu. Darauf sollten folgende Fragen beantwortet werden:
   - Wie ist die Initiative entstanden? Wie sieht das Engagement konkret aus?
   - Welche Hoffnung haben die Initianten? Was genau ist ihr Ziel?
   - Gibt es Verbindungen zur „christlichen Hoffnung" bzw. inwiefern handelt es sich um eine Konkretisierung der „christlichen Hoffnung"?

Vorbilder – Menschen, die Hoffnung machen

Menschen, die die Hoffnung nicht aufgaben.

Nelson Mandela ist einer der wichtigsten Vertreter im Kampf gegen die weltweite Unterdrückung der Schwarzen sowie ein Wegbereiter des versöhnlichen Übergangs von der Apartheid zu einem gleichheitsorientierten, demokratischen Südafrika. Er verbrachte 27 Jahre als politischer Gefangener in Haft. Nach seiner Entlassung wurde er der erste schwarze Präsident von Südafrika.

Weitere Informationen:

Die US-amerikanische Lehrerin **Erin Gruwell** setzte sich in Kalifornien an einer Problemschule besonders für ihre Schüler ein. Obwohl sie vielen Widerständen begegnete – Lehrer, Schulleitung, Schüler … – gab sie nicht auf und verlor nicht die Geduld. Es dauerte Jahre, bis sie selber sehen konnte, dass sich ihr Engagement lohnte.

Weitere Informationen:

Noch ein Beispiel:

Der ehemalige Fussballspieler **Robert Dekayser** stand im Laufe seines Lebens mehrmals vor dem Nichts: Seine Geschäftsidee war nicht erfolgreich und er ging beinahe bankrott. Heute gehört ihm ein erfolgreiches Möbelunternehmen, das auf der ganzen Welt tätig ist.

Weitere Informationen:

1. Wählt eine Person aus und sucht weitere Informationen. Vergleicht anschließend in der Klasse die Personen: Was sind die Gemeinsamkeiten?

2. Kennt ihr noch weitere Menschen, die die Hoffnung nicht aufgaben? Schreibt eine kurze Zusammenfassung auf den Notizzettel oben.

3. Was können wir von diesen Menschen lernen?

… ZUR HOFFNUNG

Die Auferstehungshoffnung

1. Wie veränderte die Auferstehung von Jesus das Leben der Jünger?

Davor (Jesus ist tot)		Danach (Jesus lebt)
	A U F E R S T E H U N G	

2. Welche Konsequenz hat die Hoffnung auf die Auferstehung für unser Leben? Vergleicht die Lebenshaltung und -gestaltung eines Menschen mit und ohne Hoffnung auf ein Leben nach dem Tod.

Mit Hoffnung auf Auferstehung:

-
-
-
-
-

Ohne Hoffnung auf Auferstehung:

-
-
-
-
-

... ZUR HOFFNUNG

Was die Bibel zur Auferstehung sagt

Die Auferstehungshoffnung ist wichtig für Christen. Was finden wir in der Bibel darüber?

Christliche Hoffnung

= Erwartung der Wiederkunft von Jesus

= Erfüllung der Verheißung Gottes (z. B. im Brief des Apostels Petrus 1,1)

= Erfüllung von Gottes Plan (z. B. Apostelgeschichte 3,17–21)

= Niederlage der Feinde Gottes (z. B. Philipper 2,9–11)

= lebendige Hoffnung (z. B. Korinther 15,51–55)

= unerschütterliche Hoffnung (z. B. 1. Thessalonicher 1,3)

= reinigende Hoffnung (z. B. Hebräer 10,23–25)

„Auch das, was du säst, wird nicht lebendig, wenn es nicht stirbt. Und was du säst, hat noch nicht die Gestalt, die entstehen wird; es ist nur ein nacktes Samenkorn, zum Beispiel ein Weizenkorn oder ein anderes. Gott gibt ihm die Gestalt, die er vorgesehen hat, jedem Samen eine andere. (…) So ist es auch mit der Auferstehung der Toten. Was gesät wird, ist verweslich, was auferweckt wird, unverweslich. Was gesät wird, ist armselig, was auferweckt wird, herrlich. (…) Gesät wird ein irdischer Leib, auferweckt ein überirdischer Leib." (1. Brief an die Korinther, 15,36–44)

„Wisst ihr denn nicht, dass wir alle, die wir auf Christus Jesus getauft wurden, auf seinen Tod getauft worden sind? Wir wurden mit ihm begraben durch die Taufe auf den Tod; und wie Christus durch die Herrlichkeit des Vaters von den Toten auferweckt wurde, so sollen auch wir als neue Menschen leben." (Brief an die Römer 6,3–4)

1. Mit welchem Hauptargument wird die Hoffnung auf die Auferstehung nach dem Tod begründet?

_____

_____

2. Schlagt die folgenden Bibelstellen nach und fasst sie zusammen.

Offenbarung 21,4

_____

_____

Evangelium nach Johannes 5,24

_____

_____

3. Wie stellt ihr euch das Leben nach dem Tod vor? Zeichnet ein Bild oder verfasst einen Text.

... ZUR HOFFNUNG

Das Prinzip Hoffnung

„Wir haben das Hoffen zu lernen".

(Ernst Bloch)

Ernst Bloch 1956, Foto: Bundesarchiv,
Bild 183-35545-0009 / CC-BY-SA

Ernst Bloch (1885–1977):
- geboren in Ludwigshafen am Rhein
- entstammt einer jüdischen Familie
- ging kurz nach Hitlers Machtergreifung ins Exil in die USA
- 1948: Rückkehr in die DDR
- 1961: Rückkehr nach Westdeutschland

1. Was versteht Ernst Bloch unter Hoffnung?

Der Philosoph Ernst Bloch (1885–1977) setzt sich in seinem Buch „Das Prinzip Hoffnung", das er während seines Exils in den USA schrieb, mit der Bedeutung der Hoffnung auseinander. Darin beschreibt er die „Utopie" als „reale Möglichkeit". Nach Bloch ist die „konkrete Utopie" der Zustand nach einer real möglichen Gesellschaftsveränderung. Es sei der Grundtrieb des Menschen, auf eine bessere Welt zu hoffen. Man dürfe sich mit dem eigenen Schicksal nicht abfinden, sondern müsse, selbst wenn es aussichtslos scheint, auf Veränderung hoffen. In der Kunst, in der Mythologie und in der Moral sind, so Bloch, viele Beispiele zu finden, die für die Hoffnung sprechen.

Eine konkrete Utopie

Das Hoffen muss ein „kritisches Hoffen" sein und nicht aus rosa Seifenblasen bestehen. Hoffnung haben heißt auch dazulernen und die eigenen Wünsche kritisch hinterfragen. Denn nur wenn Hoffnung mit realen Möglichkeiten zusammengebracht wird, können konkrete Utopien entwickelt werden, welche die Welt voranbringen. Diese konkrete Utopie sei mit der Haltung des militanten Optimismus gleichzusetzen. Diese steht zwischen dem Pessimismus auf der einen Seite und dem ungeprüften Optimismus auf der anderen Seite. Hoffnung sei ein „Optimismus mit Trauerflor". Als historisches Beispiel für die konkrete Utopie zitiert Bloch eine Parole aus den Bauernkriegen (16. Jahrhundert): „Geschlagen ziehen wir nach Haus – unsere Enkel fechtens besser aus!"

Blochs Schriften zu Utopie und Hoffnung sind bis heute eine Ermunterung für Menschen, die eine Sehnsucht nach einer anderen, besseren Welt haben und auf einen „Aufstand der Ohnmächtigen" hoffen. Sie haben auch die Theologie geprägt.

2. „Hoffnung muss gelernt werden." Was genau muss gelernt werden?

3. Was sind die Gemeinsamkeiten zwischen Blochs Beschreibung der Hoffnung und der biblischen Hoffnung?

4. Warum sind Blochs Schriften hochaktuell? Überlegt euch Beispiele von „konkreten Utopien" und „militantem Optimismus".

„Zeitansage" – ein Text der Hoffnung

Das Gedicht der Theologin Dorothee Sölle ist ein Text der Hoffnung, der zu Beginn des 21. Jahrhunderts verfasst wurde.

Dorothee Sölle: Zeitansage

Es kommt eine zeit
da wird man den sommer gottes kommen sehen
die waffenhändler machen bankrott
die autos füllen die schrotthalden
und wir pflanzen jede einen baum

Es kommt eine zeit
da haben alle genug zu tun
und bauen die gärten chemiefrei wieder auf
in den arbeitsämtern wirst du
ältere leute summen und pfeifen hören

Es kommt eine zeit
da werden wir viel zu lachen haben
und gott wenig zum weinen
die engel spielen klarinette
und die frösche quaken die halbe nacht

Und weil wir nicht wissen
wann sie beginnt
helfen wir jetzt schon
allen engeln und fröschen
beim lobe gottes

Interpretationsfragen

1. Inhalt? Thema? Ziel? Wer spricht zu wem?

2. Welche Form? Welcher Aufbau bzw. welche Struktur?

3. Welche Sprache? Welcher Stil? Welche Emotionen?

„Wer die Osterbotschaft gehört hat, der kann nicht mehr mit tragischem Gesicht umherlaufen und die humorlose Existenz eines Menschen führen, der keine Hoffnung hat."

Karl Barth

---

1. Interpretiert das Gedicht mithilfe der „Interpretationsfragen".

2. Vergleicht das Gedicht mit dem Zitat von Karl Barth. Was sind die Unterschiede? Was sind die Gemeinsamkeiten?

3. Ist das Gedicht von „naivem Optimismus" oder von „konkreter Utopie" und „militantem Optimismus" geprägt (vgl. Ernst Bloch, AB S. 52)? Argumentiert mit Beispielen.

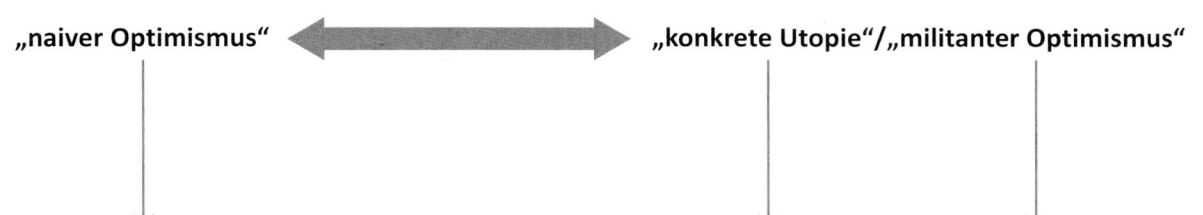

„naiver Optimismus" ⟷ **„konkrete Utopie"/„militanter Optimismus"**

4. „Beim Lobe Gottes" – ist das in Anbetracht der Probleme der Gegenwart nicht naiv? Formuliert Argumente dafür und dagegen.

Weihnachten und Ostern – Feste der Hoffnung

1. Was fällt euch zu den beiden Fotos ein? Schreibt eure Gedanken neben die Fotos.

2. Was könnten die Fotos mit der Bedeutung von Weihnachten bzw. Ostern zu tun haben?

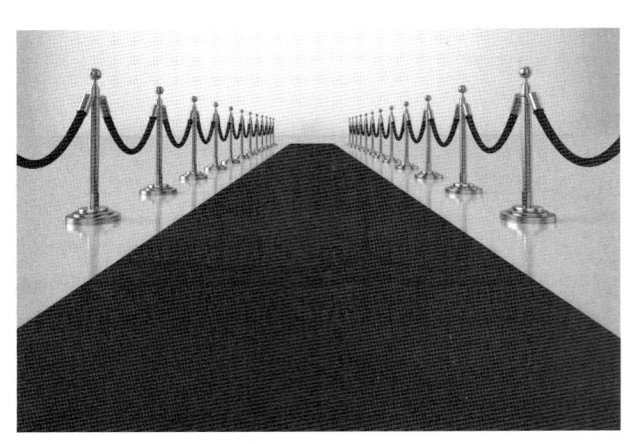

Weihnachten?!

Ostern?!

3. Füllt die Tabelle aus.

	Ostern	Weihnachten
Biblischer Bezug?		
Erinnerung an welches Ereignis?		
Botschaft des Festes?		
Bekannte Lieder, Filme, Geschichten, …		
Welche Bedeutung hat es für dich?		

4. Wie könnte man den Aspekt der Hoffnung mit den neuen Kommunikationsmitteln Internet, Facebook, SMS & Co. neu ins Bewusstsein rücken? Überlegt euch Aktionen, Rituale usw. (z. B. an jedem Adventmorgen bei Facebook einen schönen Gedanken posten!)

… ZUR HOFFNUNG

Wie Jesus Hoffnung vermittelt

Lukas 13,6–8

Und er erzählte ihnen folgendes Gleichnis: Ein Mann hatte in seinem Weinberg einen Feigenbaum; und als er kam und nachsah, ob er Früchte trug, fand er keine. Da sagte er zu seinem Weingärtner: Jetzt komme ich schon drei Jahre und sehe nach, ob dieser Feigenbaum Früchte trägt, und finde nichts. Hau ihn um! Was soll er weiter dem Boden seine Kraft nehmen? Der Weingärtner erwiderte: Herr, lass ihn dieses Jahr noch stehen; ich will den Boden um ihn herum aufgraben und düngen. Vielleicht trägt er doch noch Früchte; wenn nicht, dann lass ihn umhauen.

Johannes 8,3–11

Da brachten die Schriftgelehrten und die Pharisäer eine Frau, die beim Ehebruch ertappt worden war. Sie stellten sie in die Mitte und sagten zu ihm: Meister, diese Frau wurde beim Ehebruch auf frischer Tat ertappt. Mose hat uns im Gesetz vorgeschrieben, solche Frauen zu steinigen. Nun, was sagst du? Mit dieser Frage wollten sie ihn auf die Probe stellen, um einen Grund zu haben, ihn zu verklagen. Jesus aber bückte sich und schrieb mit dem Finger auf die Erde. Als sie hartnäckig weiterfragten, richtete er sich auf und sagte zu ihnen: Wer von euch ohne Sünde ist, werfe als Erster einen Stein auf sie. Und er bückte sich wieder und schrieb auf die Erde. Als sie seine Antwort gehört hatten, ging einer nach dem anderen fort, zuerst die Ältesten. Jesus blieb allein zurück mit der Frau, die noch in der Mitte stand. Er richtete sich auf und sagte zu ihr: Frau, wo sind sie geblieben? Hat dich keiner verurteilt? Sie antwortete: Keiner, Herr. Da sagte Jesus zu ihr: Auch ich verurteile dich nicht. Geh und sündige von jetzt an nicht mehr!

Johannes 9,1–7

Unterwegs sah Jesus einen Mann, der seit seiner Geburt blind war. Da fragten ihn seine Jünger: Rabbi, wer hat gesündigt? Er selbst? Oder haben seine Eltern gesündigt, sodass er blind geboren wurde? Jesus antwortete: Weder er noch seine Eltern haben gesündigt, sondern das Wirken Gottes soll an ihm offenbar werden. Wir müssen, solange es Tag ist, die Werke dessen vollbringen, der mich gesandt hat; es kommt die Nacht, in der niemand mehr etwas tun kann. Solange ich in der Welt bin, bin ich das Licht der Welt. Als er dies gesagt hatte, spuckte er auf die Erde; dann machte er mit dem Speichel einen Teig, strich ihn dem Blinden auf die Augen und sagte zu ihm: Geh und wasch dich in dem Teich Schiloach! Schiloach heißt übersetzt: Der Gesandte. Der Mann ging fort und wusch sich. Und als er zurückkam, konnte er sehen.

1. Lest die biblischen Texte.

2. Wie sah das Leben der Betroffenen (Feigenbaum, Ehebrecherin, Blinder) bis zur Begegnung mit Jesus aus?

3. Was hat Jesus konkret gemacht? Wie hat er Hoffnung vermittelt?

4. Welche neuen Lebensperspektiven wurden den Betroffenen durch die Begegnung mit Jesus eröffnet?

5. Was können wir von Jesus' Verhalten in Sachen Hoffnungsvermittlung lernen?

Bergpredigt: Eine große Portion Hoffnung!

1. Streicht im Text an, wem Jesus Hoffnung machen möchte.

2. Verfasst ein „Update". Wenn die Bergpredigt heute verfasst werden würde, welche Bilder, Menschen, Themen usw. würden darin vorkommen?

Die Bergpredigt	Update
Als Jesus die vielen Menschen sah, stieg er auf einen Berg. Er setzte sich, und seine Jünger traten zu ihm. Dann begann er zu reden und lehrte sie. Er sagte: Selig, die arm sind vor Gott; denn ihnen gehört das Himmelreich. Selig die Trauernden; denn sie werden getröstet werden. Selig, die keine Gewalt anwenden; denn sie werden das Land erben. Selig, die hungern und dürsten nach der Gerechtigkeit; denn sie werden satt werden. Selig die Barmherzigen; denn sie werden Erbarmen finden. Selig, die ein reines Herz haben; denn sie werden Gott schauen. Selig, die Frieden stiften; denn sie werden Söhne Gottes genannt werden. Selig, die um der Gerechtigkeit willen verfolgt werden; denn ihnen gehört das Himmelreich. Selig seid ihr, wenn ihr um meinetwillen beschimpft und verfolgt und auf alle mögliche Weise verleumdet werdet. Freut euch und jubelt: Euer Lohn im Himmel wird groß sein. Denn so wurden schon vor euch die Propheten verfolgt. *Matthäus 5,1–12*	

3. Die Bergpredigt ist auch ein Auftrag an uns: Es ist unsere Aufgabe, anderen zu helfen. Wählt zu zweit einen Satz aus und schreibt ca. fünf Ideen auf, wie wir diesen Menschen helfen könnten. Stellt euch anschließend die Ideen vor.

_____

_____

_____

_____

4. Die Bergpredigt ist auch so etwas wie ein „Lebensratgeber" – welche Tipps sind darin zu finden?

Hoffnung – das Besondere am christlichen Glauben!

1. Betrachtet die Illustration.
   Was hat Seiltanzen mit Vertrauen zu tun?

2. Nehmt Stellung (positiv und negativ) zu den folgenden Aussagen.

   - „Glaube ist Vertrauen, nicht Wissenwollen."
     (*Hermann Hesse (1877–1962), deutscher Dichter*)

   - „Und ich leg mein Vertrauen in dich und ich öffne mein Herz."
     (*aus dem Songtext „Mein Vertrauen" von Klee*)

   - Vertrauen geht auf das gotische Wort *trauan* zurück. Das Wort „trauen" gehört zu der Wortgruppe um „treu" = „stark", „fest", „dick".

   - „Menschen, die einander ohne tatsächlich klaren Grund nicht trauen, trauen sich selber nicht" (*Friedrich Theodor Vischer*)

   - „Vertrauen ist Mut, und Treue ist Kraft." (*Marie von Ebner-Eschenbach*)

   - „Nur zwischen Glauben und Vertrauen ist Friede." (*Friedrich Schiller, „Wallenstein"*)

   - „Vertrauen ist der Anfang von allem." (*Deutsche Bank, Werbeslogan aus den 90er Jahren*)

Vertrauen lernen ...

- _____
- _____
- _____
- _____
- _____

3. Überlegt euch zu den vier Begriffen, warum sie für das Vertrauen wichtig sind. Vergleicht sie mit den Zitaten oben. Formuliert einen kurzen Satz zu jedem Begriff.

   Was beinhaltet Vertrauen alles?

   Geduld → _____

   Offenheit → _____

   Hoffnung → _____

   Unsicherheit → _____

4. Wie lässt sich Vertrauen lernen? Schreibt in das Rezept!

Hoffnung + Vertrauen = typisch christlich!

1. Was ist typisch christlich? Macht ein gemeinsames Brainstorming auf ein großes Plakat bzw. eine Packpapierrolle.

2. Welche biblischen Geschichten machen darauf aufmerksam, dass die Hoffnung das Besondere am christlichen Glauben ist?

Eigentlich müsste man statt dem Begriff Glauben den Begriff Zutrauen verwenden oder vielleicht sogar von Vertrauen sprechen. Vertrauen ist wichtig, wenn nicht sogar alles: Darauf vertrauen, dass für Gott mehr und anderes möglich ist, als wir Menschen es uns vorstellen können. In der Bibel wird der Begriff „Glaube" oft in diesem Sinn verwendet. Zum Beispiel auch in der Geschichte von der Begegnung von Jesus mit der kanaäischen Frau (Matthäus 15,21–28). Heute hat man beim Begriff „Glaube" oft sofort so etwas wie das Glaubensbekenntnis im Kopf. Dann wird Glauben gleichgesetzt mit: alles ohne Wenn und Aber für richtig und wahr halten. In den Evangelien wird das aber etwas anders geschildert: Das Beispiel der kanaäischen Frau zeigt: Das Entscheidende ist, auf Gott zu vertrauen. Auf ihn zu vertrauen, dass er mich nicht im Stich lässt. Selbst dann, wenn es schlimm wird im Leben oder wenn das Leben sogar zu Ende geht. Aus diesem Vertrauen können wir leben.

3. Erklärt mit eigenen Worten, inwiefern Glaube und Vertrauen miteinander verwoben sind.

Die Hoffnung könnte man sogar als „Werbemotto" der christlichen Botschaft bezeichnen.
Die christliche Hoffnung wirkt auf verschiedene Weisen:

1) Hoffnung ist nicht von uns erfunden, sondern hat ihren Ursprung in der Vergangenheit / in der Bibel.

= schon in der Bibel wird von Menschen berichtet, die auf Gott vertraut haben und deren Hoffnung sich erfüllt hat.

2) Hoffnung verändert unseren Alltag.

=

3) Wir können unsere Hoffnung anderen mitteilen.

=

4) Hoffnung ist ewig – sie hat die Ewigkeit im Blick.

=

5) Wir können Hoffnung schon in der Gegenwart konkret beobachten.

=

4. Formuliert einen Infosatz zu den restlichen vier Aspekten.

... ZUR HOFFNUNG

„Habt keine Angst!" – Papst Johannes Paul II.

Papst Johannes Paul II. (1920–2005, Papst von 1978–2005) wird von vielen als ein „Hoffnungszeichen" betitelt. Sein Ausspruch „Habt keine Angst" (Der Satz ist ein Zitat aus den Evangelien.) war sein Leitspruch. Er ist in vielen seiner Ansprachen und Predigten zu finden. Papst Johannes Paul II., ein gebürtiger Pole, war ein Missionar, ein Verkünder und ein Botschafter, der viele Reisen unternahm, um Menschen den Glauben näherzubringen. Er prägte nicht nur die katholische Kirche, sondern auch die Weltgeschichte. So soll er einen maßgeblichen Einfluss darauf gehabt haben, dass der Sozialismus in Polen beendet wurde.

1. Sucht Informationen (Internet, Bücher, …) zu den weltgeschichtlichen Ereignissen (z. B. Fall der Berliner Mauer) und Informationen aus der Biografie von Papst Johannes Paul II. und tragt sie in den Zeitstrahl ein. Ihr könnt noch weitere Jahreszahlen einfügen.

Ereignisse in der Weltgeschichte		Papst Johannes Paul II.
Grenzkonflikt Chile / Argentinien	1978	Papst vermittelt zwischen den Ländern
_____	1982	_____
_____	1986	_____
_____	1998	_____
	2000	
_____	2005	_____

2. Welchen Menschen bzw. in welchen Situationen hat Papst Johannes Paul II. Hoffnung gespendet? Wie hat er das konkret getan?

3. Die Päpste als „Zeichen der Hoffnung" – sind sie tatsächlich ein Zeichen der Hoffnung für die Welt? Jeder überlegt sich Pro- und Kontra-Argumente. Diskutiert anschließend miteinander.

… ZUR HOFFNUNG

Der Wahn des positiven Denkens

Bücher über das positive Denken sind sehr erfolgreich – besonders in den USA, aber auch in Europa. Es gibt mittlerweile sehr viele. Die Theorie des positiven Denkens stammt ursprünglich aus den USA.

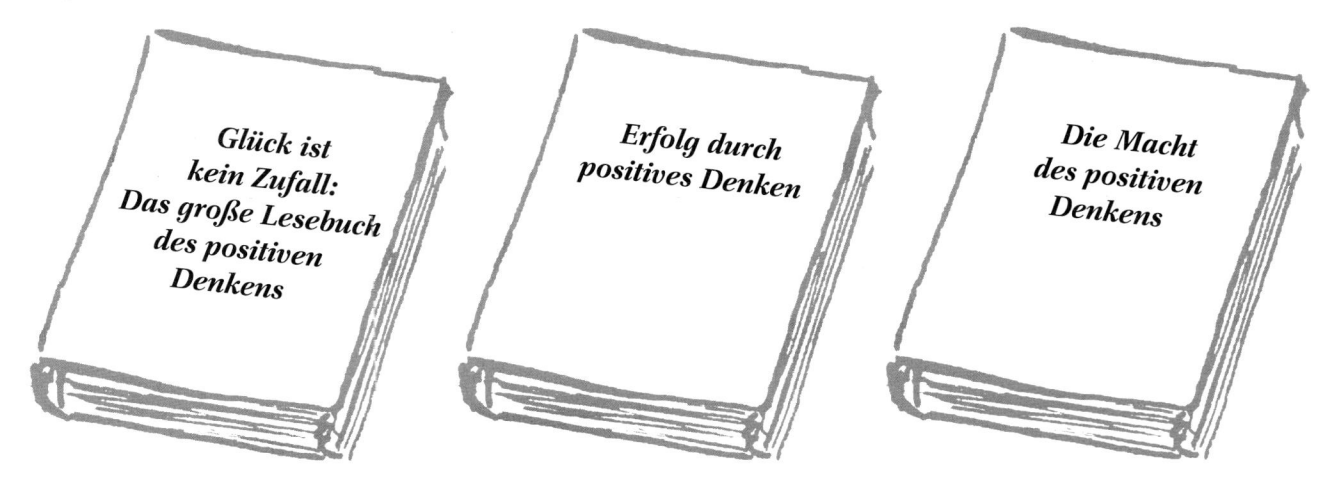

Glück ist kein Zufall: Das große Lesebuch des positiven Denkens

Erfolg durch positives Denken

Die Macht des positiven Denkens

1. Charakterisiert die Aussagen dieser Ratgeber. Was ist typisch? Ihr könnt auch im Internet zu diesen Büchern recherchieren. Warum sind diese Bücher vor allem in den USA so populär? (Vergleicht mit eurem Wissen über die US-amerikanische Gesellschaft und Kultur!)

Macht positives Denken dumm?!

Die US-amerikanische Journalistin Barbara Ehrenreich veröffentlichte das Buch „Smile or Die. Wie die Ideologie des positiven Denkens die Welt verdummt". Darin warnt sie vor dem positiven Denken: Hinter allen Ratgebern und Kursen zum positiven Denken stecken kommerzielle Interessen. Menschen, denen es nicht gut geht, werden mit der Idee unter Druck gesetzt – nach dem Motto: „Wem es schlecht geht, ist selber schuld – er denkt einfach zu negativ."

2. Recherchiert im Internet zum Buch von Barbara Ehrenreich, lest evtl. eine Leseprobe und beantwortet die Fragen auf einem Blatt oder Plakat.
   - Wer ist Barbara Ehrenreich?
   - Welche Themen kommen im Buch vor?
   - Welche negativen Aspekte des positiven Denkens werden vorgestellt?

Christliche Hoffnung = Optimismus?

Optimisten sorgen für gute Stimmung, sie motivieren und versichern, dass sich alles zum Besten wendet. Die Propheten im Alten Testament machen aber etwas anderes: Manche Aussagen von ihnen sind pessimistisch und spielverderberisch. Sowohl in Zeiten, in denen alles bestens zu laufen schien, als auch in schlechten Zeiten, in denen einige Wenige den Rest mit dem Satz vom halb gefüllten Glas vertrösten und einschläfern wollten, waren die Propheten die großen Pessimisten. Sie legten ihre Finger in die Wunden und forderten Gerechtigkeit für diejenigen ein, die unter der vermeintlich besten aller möglichen Situationen litten. Aber nur bei der Kritik stehen zu bleiben, wäre auch zu wenig – und viel zu deprimierend. Hand in Hand mit der Kritik ging bei den Propheten die Hoffnung auf die Erfüllung der Verheißungen Gottes – nämlich alles Zerbrochene ganz zu machen, Brot den Hungrigen und Land den Landlosen zu geben und wirklichen Frieden ohne Waffen zu schaffen. Für die Propheten ging es also letztendlich gar nicht so sehr darum, ob das Glas nun halb voll oder leer ist, sondern vielmehr um die Frage, warum das Glas nicht ganz voll sein sollte und wie es aufgefüllt werden kann.

3. Worin unterscheidet sich der Optimismus von der christlichen Hoffnung?

„Auf Hoffnung sind wir gerettet"

Papst Benedikt XVI. setzt sich in seiner Enzyklika „Spe salvi" („Auf Hoffnung hin gerettet"), die 2007 veröffentlicht wurde, mit dem Thema Hoffnung auseinander.

Papst Benedikt XVI. beschreibt die Hoffnung als göttliche Tugend. Die Hoffnung sei so etwas wie die Vorwegnahme einer definitiven Erfüllung der menschlichen Sehnsucht in der Liebe Gottes. Tod, Himmel und Hölle seien Prüfsteine der christlichen Hoffnung. Die christliche Hoffnung sei keine individuelle Hoffnung, sondern könne nur gemeinschaftlich erlebt werden.

Jeder Mensch habe und brauche Hoffnungen, auch alltägliche. Das Fundament der größten Hoffnung könne aber nur Gott sein, der sich in Jesus als Liebe gezeigt habe. Die Liebe Jesu gebe uns die Möglichkeit, in einer unvollkommenen Welt standzuhalten, ohne dabei den Elan der Hoffnung zu verlieren. Die Hoffnung auf das Reich Gottes fokussiere nicht nur die Ewigkeit, sondern betreffe bereits die Gegenwart. Denn Gottes Reich sei da, wo Gottes Liebe bei den Menschen ankomme. Die Hoffnung auf die Zukunft könne also in der Gegenwart gespeist werden. Die Botschaft von Jesus sei nicht nur als „Information" zu verstehen, sie habe auch eine verändernde Kraft. Denn wer Hoffnung habe, lebe anders – ihm sei ein neues Leben geschenkt.

1. Papst Benedikt XVI. erwähnt mehrmals den Begriff „gerettet" oder „Rettung". Was genau wird darunter verstanden?

2. Wie charakterisiert Papst Benedikt XVI. die christliche Hoffnung? Fasst es mit eigenen Worten zusammen und lest als Hilfe evtl. auch noch Ausschnitte aus dem Enzyklika-Text. (Die Enzyklika ist im Internet zu finden.)

3. Inwiefern ist der Text der Enzyklika eine Hilfe für die Lebensbewältigung eines Christen?

Inhalt der Enzyklika:

- Glaube ist Hoffnung
- Das Verständnis der Hoffnung des Glaubens im Neuen Testament und in der frühen Kirche
- Ewiges Leben – was ist das?
- Ist die christliche Hoffnung individualistisch?
- Die wahre Gestalt der christlichen Hoffnung
- Lern- und Übungsorte der Hoffnung:
   I. Das Gebet als Schule der Hoffnung
   II. Tun und Leiden als Lernorte der Hoffnung
   III. Das Gericht als Lern- und Übungsort der Hoffnung

Projekt: Die Zeitung der Hoffnung

Medien berichten eher über negative Neuigkeiten als über positive. Und auch wir Menschen sprechen lieber über Negatives als über Positives. Das muss nicht sein!

1. Sucht in Zeitungen oder im Internet positive Newsmeldungen und schreibt sie auf das Blatt.

„Schon 10 000 Jugendliche haben eine Lehrstelle gefunden"

„Endlich frische Luft! Rauchverbot überall!"

„Krankenhaus: 3 gesunde Babys geboren!"

2. Gestaltet eine „Schülerzeitung der Hoffnung" (mit fiktiven oder nichtfiktiven Meldungen). Jede Zweiergruppe gestaltet eine Seite oder Doppelseite zu einer Rubrik. Die Zeitung darf nur positive Meldungen enthalten! (Alternative: Richtet im Internet ein Blog ein und veröffentlicht eure Beiträge auf diese Weise.)

Rubriken:

Regional (Interview)

Sport

Wirtschaft

Politik

Promis

Wissen

Religion

Kreuzworträtsel

3. Aufgabe für die nächsten 7 Tage: Haltet ganz bewusst Ausschau nach positiven Meldungen und erzählt euch davon!

... ZUR HOFFNUNG

Was schenkt uns die Hoffnung?

Es gibt immer wieder Filme, Bücher und Songs, die Menschen Hoffnung vermitteln wollen.

Filme

- „Das Streben nach Glück"
- „Freedom Writers"
- „Ziemlich beste Freunde"
- „Hotel Ruanda"
- „Soul Surfer"

- „The Help"
- „Dein Weg"
- „Um Klassen besser"
- „Blind Side – die große Chance"
- „Saint Ralph"

Songs

- Cassandra Steen: „Die Hoffnung stirbt zuletzt"
- Jan Delay: „Hoffnung"
- Ewig: „Jenseits meiner Wege"
- Glashaus: „Hoffnung"
- Bushido: „Alles wird gut"
- Silbermond: „Es geht weiter"

- Xavier Naidoo: „Wir haben alles Gute vor uns"
- Ich + Ich: „Danke"
- Die Toten Hosen: „Steh auf, wenn du am Boden bist"
- Söhne Mannheims: „Dein Leben"
- The Beatles: „Let it be"

Bücher:

- Louise Jacobs: „Fräulein Jacobs funktioniert nicht: Als ich aufhörte, gut zu sein", Knaur, 2013
- Jesper Bengtsson: „Ikone der Freiheit: Aung San Suu Kyi. Eine Biographie", Rotbuch Verlag, 2013
- Felix Finkbeiner: „Jetzt retten wir Kinder die Welt: Baum für Baum", Fischer Verlag, 2011
- Christian Nürnberger: „Mutige Menschen: Für Frieden, Freiheit und Menschenrechte", Thienemann Verlag, 2008
- Anna Seghers: „Das siebte Kreuz", Aufbau Verlag, 1993

1. Welche dieser Filme, Bücher, Songs kennt ihr? Warum machen sie Hoffnung?

2. Kennt ihr noch weitere? Stellt sie euch gegenseitig vor.

Segen – Zeichen des Schutzes und der Zuversicht

1. Setzt das richtige Fragewort ein!

| WO? | WIE? | WARUM? | WOHER? | WER? | WAS? |

?	Kinder, Jugendliche, Erwachsene – jeder darf segnen. Es ist nicht dem Pfarrer vorbehalten!
?	Jeder Gottesdienst wird mit einem Segen abgeschlossen. Aber um den Segen kann überall gebeten werden: zu Hause, auf der Straße, in der Schule, …
?	Das Ritual des Segnens ist sehr alt. Bereits in der Bibel sind Segensgebete zu finden (z. B. der Aaronitische Segen, siehe Aufgabe 3).
?	Grundsätzlich kann jeder und alles gesegnet werden: auch Tiere und Gegenstände. Doch wenn Gegenstände (z. B. ein Auto) gesegnet werden, geht es nicht darum, dass sie besser funktionieren, sondern, dass sie dem Menschen keinen Schaden zufügen und eine Unterstützung für ihn sind.
?	Etwas segnen bedeutet, Gott um seinen Segen bitten: Es wird um Gottes Schutz und Begleitung gebeten. In der katholischen Kirche wird bei Segenshandlungen oft Weihwasser verwendet.
?	Der Segen erfolgt in Form eines Gebetes und wird mit dem Kreuzzeichen begleitet. Es gibt verschiedene Segensgebete. Die bekannteste Form ist: „Er segne dich, im Namen des Vaters, des Sohnes und des Heiligen Geistes …". Ein Segen kann mit eigenen Worten formuliert werden.

2. Warum haben manche Menschen das Bedürfnis, sich segnen zu lassen? Wie könnte man den Segen mit modernen Worten beschreiben?

3. Lest in der Bibel den Text Numeri/4. Mose, Kapitel 6, 22–27. Wie könnte eine neue Version des Segens heute lauten? Formuliert moderne Versionen.

Aaronitischer Segen – Update:

… ZUR HOFFNUNG

Lösungen

Der Schrei

2. Angst aufs Papier zu bringen, darüber zu singen usw. ist eine Form der Verarbeitung. Angst ist ein starkes Gefühl und somit ein Motor für Kreativität.

3. Schreien kann eine Art Befreiung sein: Man „lässt raus", was einen im Innern beschäftigt. Schreien ist eine körperliche und psychische Entlastung!

Zukunftskärtchen: Welches Bild habe ich von morgen?

2. Alles ist offen, was die Zukunft mit sich bringt – das Leben, die Welt … kann sich in alle Richtungen entwickeln – auf vieles kann man sich nicht vorbereiten – Ungewissheit fällt vielen Menschen schwer …

Zeiten der Angst

2. Heute sind die Nachwirkungen nicht mehr direkt zu spüren, aber sie haben die Welt geprägt. Sie zeigen, dass immer wieder etwas passieren kann, aber dass das Leben trotzdem weitergeht und Katastrophen überwunden bzw. gemeistert werden können.

3. Finanzkrise, Klimakatastrophe: globale Erwärmung, Viren, Computer-Viren, Terrorismus, Massenfluchtbewegungen usw.

4. Jeder kann einen kleinen Beitrag leisten: z. B. immer wieder überlegen, wie man sich schützen kann; Bescheidenheit statt Gier; erneuerbare Energie nutzen und generell Energie sparen.

Angst lähmt: Das Beispiel USA

1. Pessimismus hat eine Sogwirkung: Jeder spart, niemand ist mehr bereit zu investieren, damit wird die Situation noch gravierender. Es entsteht ein Teufelskreis. Wichtig ist, sich mit aller Macht gegen diese Dynamik zu stemmen (egal in welchem Bereich die Spirale auftritt).

2. **Chancen:** Man nimmt sich etwas Konkretes vor – man hat ein konkretes Ziel vor Augen; **Gefahren:** Wenn Ziele nicht erreicht werden, wird die Angst größer und der Pessimismus nimmt noch weiter zu. Ziele sind oft nur „Augenwischerei" und Ablenkung. Ziele können von der Wirklichkeit schnell überholt werden, z. B. weil die Lage sich zuspitzt usw.

Total irrational

1. Platzangst, Tierphobien, Flugangst, Angst vor Krankheiten

2. Sie setzen sich mit Angst nicht auseinander; zu sehr von Medienmeldungen beeinflusst; die täglichen Gefahren werden verdrängt und man konzentriert sich viel mehr auf „Außergewöhnliches".

3. Entspannungstechniken; negative irrationale Gedanken erkennen lernen, überprüfen, zu wie viel Prozent sie zutreffen, sie dann durch realistischere Gedanken ersetzen; z. B. bei Phobien sich Schritt für Schritt gezielt mit dem Angstauslöser konfrontieren

Eine fatale Kurzschlussreaktion

2. Man kann sich präventiv eine Strategie überlegen, wie man mit Niederlagen umgeht. Man kann sich angewöhnen, in akuten Situationen nie spontan zu reagieren, sondern zuerst durchzuatmen, die Situation genau zu analysieren, mit einer anderen Person zu sprechen usw.

3. Es sollte mehr „Notfall-Angebote" geben: Hotlines, Internet-Angebote, wo man schnell und rund um die Uhr Hilfe findet; mehr Aufklärungsarbeit an Schulen, in den Medien, Angebote von Workshops usw.; ein „sorgsamerer" Umgang miteinander: negative Informationen schonend beibringen, Menschen nicht alleine lassen mit ihrer Reaktion usw.

Lösungen

Was tun gegen die Angst?

2. Wenn man keinen passenden Ansprechpartner hat; bei besonders großen Problemen; wenn es ganz dringend oder akut ist; wenn man sich langfristig nicht gut fühlt; wenn Freunde, Verwandte, ... Probleme haben und man nicht weiß, wie man ihnen helfen kann.

3. **Vorteile:** Die Berater sind speziell ausgebildet und sehr erfahren. Man kann total offen sein, die Berater kennen einen nicht, man muss sich nicht schämen. **Nachteile:** Die Berater kennen einen nicht persönlich und die eventuell betroffenen Personen auch nicht. Die Berater kennen nur eine Kurzversion des Problems und nicht alle Details; sie können das Problem nicht lösen, sondern nur beraten.

Maria besiegt die Angst

1. Ich bin noch gar nicht verheiratet und jetzt schwanger – was werden die Menschen denken? / Ein Kind bringt viel Verantwortung mit sich – bin ich dem gewachsen? / Wie soll ich es Josef sagen? Wie wird er reagieren?

3. Jemandem wird ein verantwortungsvolles Amt anvertraut (z. B. Klassensprecher, Chef einer Firma, eines Vereins usw.); jemand muss Aufgaben übernehmen, die heikel sind (z. B. in Krisenregionen usw.), soziales Engagement in Krisengebieten ...

4. Sie hat nicht lange gezögert, war mutig und hat ihren Auftrag angenommen; sie hat auf Gott vertraut, auch wenn sie lange vieles nicht verstand und sogar mitansehen musste, wie ihr Sohn starb.

Mit Alkohol und Drogen Angst besiegen?

1. **Kurzfristig:** Alkohol und Drogen helfen und sorgen für Entlastung. **Mittelfristig:** Die Abhängigkeit entwickelt sich – ohne Alkohol/Drogen geht es nicht mehr. **Langfristig:** Totale Abhängigkeit! Die Angst wird immer größer, da Alkohol sich auf Körper und Psyche auswirkt und einen verändert.

2. Man gerät in Gefahr, abhängig zu werden (man „funktioniert" ohne Alkohol nicht mehr – man greift immer häufiger zur Flasche, z. B. auch bei Situationen, wo bisher die Angst nur gering war). Wer unter Alkoholeinfluss steht, bringt sich selbst und Mitmenschen (Unbeteiligte!) in Gefahr.

Hilfe und Stärkung im Gebet

1. Auf Gott vertrauen: Er hilft uns. / Sich selber bewusst werden, was man will. / Man wird ruhiger beim Beten.

Kraft durch Meditation

2. genügend Zeit! / regelmäßig meditieren / Ruhe / sich bewusst Zeit nehmen ... / passender Raum oder Umgebung / ungestört sein

Angst vor Neuem und Ungewissem

2. Neuerungen im Leben sind oft unbequem: man weiß nicht, wie es wird, man muss sich neu auf etwas einlassen, sich neu gewöhnen usw.; Neues verunsichert, vielleicht wird es ja schlechter als vorher.

Wenn es um alles geht

1. Angst, Traumstelle nicht zu bekommen; Angst, gar keine Stelle zu bekommen (Arbeitslosigkeit); Angst vor persönlicher Ablehnung (Absage wird mit „Ablehnung" der Person gleichgesetzt); Angst, sich zu blamieren (keine Antwort zu wissen, Blackout usw.), Angst vor Bloßstellung; Angst vor Ungewissem (man kennt Gesprächspartner, Firma und Ablauf des Gesprächs nicht).

2. Man kann u.a. im Internet Informationen über die Firma suchen/überlegen: Welche Fragen werden wahrscheinlich gestellt? Wie antworte ich darauf?/eigene Stärken und Schwächen kennen: Wie präsentiere ich diese?

Vor jedem Fortschritt steht die Angst!

2. Sie hatten ein Ziel im Kopf, das sie erreichen wollten. Sie wollten ihre Situation verändern.

3. Christina Stürmer: Bekanntheit als Sängerin erlangen, Urteil von Profis usw.
Thomas Morgenstern: Ehrgeiz: erfolgreicher Skispringer sein bzw. eine Medaille gewinnen, evtl. auch: einen neuen Rekord brechen, Ruhm und Ehre für sich und seine Heimat
Robert Dekayser: finanzieller Erfolg – von seiner Idee leben zu können bzw. eine Einkommen für die ganze Familie haben
Demonstranten in Ägypten: Demokratie – mehr Mitbestimmungsrechte, bessere Zukunftschancen, gleiche Rechte für alle usw.

Ein Neuanfang: Die Jünger und das Pfingstereignis

1. Markiert werden können: Brausen, heftiger Sturm, Zungen wie Feuer, erfüllt usw.
2. z. B.: ergreifend / kraftvoll / energiegeladen / berauschend / verwirrend / irritierend / erschreckend / schnell / gewaltig usw.
3. Angst auf Ablehnung zu stoßen; Angst, nicht die richtigen Worte zu finden; Angst, dass sie es nicht schaffen, den Auftrag auszuführen.
4. Niemand hätte von Jesu Botschaft erfahren, die Kirche wäre nicht entstanden …

Warum haben wir überhaupt Angst?

1. Angst ist ein „Schutzmechanismus" – sie macht uns aufmerksam, wenn es gefährlich wird – sie schärft unsere Wahrnehmung – sie hindert uns, unüberlegt etwas zu machen oder abzuwägen, ob sich das Risiko lohnt bzw. das Risiko nicht zu groß ist.
2. Angst bewahrt uns vor Gefahren, sie bewahrt uns vor Verletzungen oder dem Tod, sie bewahrt uns davor, zu große Risiken einzugehen.

„The German Angst" – Klischee oder wahr?

1. **Pro:** allgemein oft pessimistische Stimmung in Medien zu hören, + aktuelle Beispiele / **Kontra:** aktuelle Beispiele aus Wirtschaft, Politik, Gesellschaft!
2. Sich mehr auf positive, motivierende Beispiele konzentrieren; evtl. Preise und Auszeichnungen für Menschen, die etwas Positives schaffen oder erfolgreich sind, verleihen; Öffentlichkeitskampagnen usw.

Die Macht der Angst

3. Auch wenn man in Gefahr ist: unbedingt einen kühlen Kopf bewahren! Versuchen, rational nachzudenken und erst dann handeln! Sich nicht von Panik beherrschen lassen. Kurzschlussreaktionen machen oft alles noch viel schlimmer.

Angst vor dem Weltuntergang

2. Eine große Gefahr droht (z. B. Außerirdische, Naturkatastrophe, …), ein Mensch oder eine kleine Gruppe Menschen haben die Möglichkeit, den Weltuntergang zu verhindern. Das Gute kämpft gegen das Böse, Sieg des Guten über das Böse. Viele beeindruckende Szenen: Feuer, Wassergewalten, Explosionen, flüchtende Menschen usw.

Die Lust am Weltuntergang

1. Diese Menschen haben eine negative Sicht der Welt, das Diesseits ist schlecht und verloren usw. Oft sind es Menschen, die im Diesseits Probleme haben und auf ein problemloses Leben im Jenseits hoffen.
2. Wer sich total auf Apokalypse konzentriert, lebt nicht mehr in der Gegenwart bzw. kann das Leben nicht mehr genießen und sich auch nicht mehr über die positiven Seiten der Schöpfung freuen (ist Gott nicht mehr dankbar für alle schönen Dinge). Zudem engagiert man sich auch nicht mehr dafür, die Welt besser zu machen, man verletzt so das Gebot der Nächstenliebe und der Diakonie.

Apokalypse: Die Bibel und der Weltuntergang

1. Cherubim: (Einzahl = Cherub), Engel mit hohem Rang, werden mit besonderen Aufgaben beauftragt; auf Bildern menschenähnlich dargestellt.

Lösungen

Vier Apokalyptische Reiter: Boten der nahestehenden Apokalypse; vier verschiedene „Reiter", die nacheinander auf der Erde erscheinen; jeder Reiter und jedes Pferd haben eine bestimmte Farbe und sind ein Symbol für etwas Bestimmtes (z. B. Sieg); heute in der Kunst, Musik und in Computerspielen häufig verwendetes Motiv.

„Neues Jerusalem": auch „himmlisches Jerusalem" genannt; gemeint ist damit, dass die heutige Stadt Jerusalem nach der Apokalypse in neuem Licht erstrahlen wird – eine „perfekte" Stadt. Jerusalem gilt als die Stadt, wo Jesus nach der Apokalypse auf die Erde zurückkehren wird – so etwas wie das „Zentrum der Welt".

2. Bibel: Ziel der Apokalypse ist nicht die Vernichtung der Menschen, sondern die Herstellung von Gottes Reich; in der Bibel kommen andere „Symbole" vor (z. B. Apokalyptische Reiter); Herstellung der Gerechtigkeit; Gott setzt Apokalypse in Gang; Mensch kann Apokalypse nicht auslösen und auch nicht verhindern.

3. Argumente u.a.: Gott liebt die Menschen – wir dürfen darauf hoffen, dass er uns rettet. Aber: Die Erzählung von der Apokalypse zeigt auch, dass wir aufgefordert sind, unseren Glauben ernst zu nehmen und die Gebote Gottes zu achten (es geht um „alles" oder nichts).

Keine Angst vor dem Bösen

1. Immer ist eine unerklärliche, zerstörerische „Kraft" oder „Macht" am Werk: Diese Bösartigkeit bzw. Aggressivität lässt sich nicht erklären oder nachvollziehen.

2. Traditionell: der Böse = der Teufel; alle „dunklen" Situationen und Strukturen: z. B.: ungerechte Wirtschaftssituationen, Betrug, Diebstahl, Intrigen, Lügen, zu großer Egoismus, Internet-Kriminalität, Mobbing, rücksichtsloses Verhalten im Straßenverkehr usw.

3. Das Böse tritt sehr unterschiedlich auf, u.a. oft in Form der Relativierung („Es ist doch nicht so schlimm ...") oder durch Verlockungen, Spiel mit den Sehnsüchten, Verführung („Du wolltest doch schon immer mal ..."), meistens ganz klein und unscheinbar (und die unheilvolle Dynamik entwickelt sich erst zu einem späteren Zeitpunkt, z. B. wird man Schritt für Schritt gleichgültiger und findet, dass eine Tat oder ein Laster nicht so schlimm ist). Es tritt oft auch „anonym" in Erscheinung – man weiß nicht genau, wer verantwortlich ist bzw. ob es eine oder mehrere Personen sind. Meistens tritt das Böse unangekündigt und unerwartet auf (man wird davon negativ überrascht und manchmal realisiert man es gar nicht rechtzeitig, sondern erst hinterher).

4. Gott ist stärker als das Böse. Wir dürfen darauf vertrauen, dass Gott uns vor dem Bösen bewahrt.

Thriller: Lust auf Angst!

1. Es muss eine Abwechslung von spannenden und entspannenden Szenen geben; wenn ein Film oder eine Achterbahn nonstop „brutal" wäre, würde es keinen Spaß mehr machen; man sollte „miträtseln" können (man weiß nicht, was als Nächstes passiert); Spannung baut sich langsam auf (z. B. die Achterbahn fährt zunächst nach oben); Happy End am Schluss (z. B. Täter ist gefasst oder Achterbahn kommt sicher ans Ziel).

2. Sie wollen ihre Ängste überwinden, Grenzerfahrungen machen, „abschalten" vom Alltag: Im Moment der Spannung konzentriert man sich nur auf den Film/die Achterbahnfahrt und vergisst die eigenen Probleme ...

3. Die Altersfreigabe verhindert, dass Kinder und Jugendliche mit Inhalten konfrontiert werden, für die sie noch nicht reif genug sind. Wenn jemand zu viel Angst hat bzw. total schockiert ist, wirkt das kontraproduktiv und kann zu psychischen Beeinträchtigungen führen. Darstellungen von brutalen Inhalten prägen sich gerade bei jungen Menschen nachhaltig ein. Weitere Infos: www.fsk.de

Angst – die beste Werbung!

1. Jeder hat das Gefühl, es betrifft ihn auch bzw. er muss etwas unternehmen, um in Sicherheit zu sein.

2. Es ist nicht fair, Menschen unter Druck zu setzen oder sie mit ihrer Angst zu ködern. Es ist sogar ein Stück weit Betrug: Die Angst wird bewusst übertrieben und die Leute haben das Gefühl, sie seien geschützt, wenn sie z. B. das Produkt A kaufen. Doch das stimmt nicht in jedem Fall. Die Menschen sollen die Freiheit haben, sich freiwillig für oder gegen etwas zu entscheiden. Die Bibel ist eine Frohbotschaft, sie arbeitet nicht mit Zwang.

Dietrich Bonhoeffer (Nazi-Widerstand): Angst überwinden **S. 40**

1. Gott ist gut, er liebt uns. Gerade in schwierigen Situationen können wir auf ihn vertrauen, denn Gott ist die Liebe und das Licht. Gott wünscht sich, dass wir auf ihn vertrauen.

2. Er hat für seine Überzeugungen gekämpft und ist schließlich dafür gestorben. Er war sehr mutig und hat selbst in ausweisloser Lage nie die Hoffnung verloren! Er lehrt uns, die Angst nicht zu verdrängen, sondern sich mit ihr auseinanderzusetzen. Er verzweifelte nicht, sondern vertraute auf Gott, selbst wenn alles sinnlos schien.

Martin Luther-Legende: „Wenn ich wüsste, dass morgen die Welt unterginge …" **S. 42**

1. Ein Baum braucht viele Jahre, um zu wachsen. Zunächst sieht man den Baum nicht (unter der Erde), erst nach vielen Jahren ist der Baum groß und stark und trägt Früchte.

2. Freundschaften aufbauen (es braucht auch Zeit, eine richtige Freundschaft aufzubauen); ganz modern: eine Homepage programmieren; eine Ausbildung machen; ein Haus bauen

Schutzengel – alles nur Kitsch und Aberglaube? **S. 43**

2. ein sympathisches Symbol; es macht Hoffnung und spendet Trost; jedem steht es frei, sich selber zu überlegen, welches Bild er von seinem Schutzengel hat usw.

(Schutz-)Engel in der Bibel **S. 44**

3. u. a. wichtig: Biblische Schutzengel sind immer Boten von Gott – verweisen auf Gott; biblische Engel können auch „brutal" sein: z. B. auf etwas aufmerksam machen, das man gar nicht sehen will; biblische Engel teilen etwas mit (z. B. Neuigkeiten usw.); nicht nur „Wohlfühl"-Engel wie heute im Alltag.

Die Engelbilder von Paul Klee **S. 45**

1. **Zentral am Bild:** Der Kopf ist übergroß; die Augen bzw. der Blick nach rechts; erhobene Flügel, die aber fast wie Arme aussehen (abwehrend oder ermahnend?), die Haare sind zerzaust, irgendwie wirkt das Bild unbekümmert, heiter, locker.

2. Der Angelus Novus ist für Benjamin eine Art „Vermittler" zwischen Vergangenheit und Zukunft. Er würde gerne zurückblicken zum Vergangenen, aber er wird nach vorne gedrängt. **Allgemein:** Blick in die Zukunft, nach vorne richten und nicht beim Alten, Vergangenen verharren und nicht dem Vergangenen nachtrauern usw.

3. Engel sind für ihn eine Art „Katalysator". Mit ihnen konnte er alle seine Emotionen verarbeiten, besonders auch schwierige Lebenssituationen und -phasen. Engel symbolisieren für ihn eine Art „Zwischenreich" – er verarbeitete in seinen Engelbildern auch seine Träume. Engel geben visuell viel her: Sie lassen sich auf viele verschiedene Weisen darstellen. Er hat schon als Kind Engelzeichnungen gemalt.

4. **Gemeinsamkeiten:** Engel sind in erster Linie nicht „liebliche" und „süße" Bilder bzw. Wesen; der Engel hat auch Aspekte, die Angst machen oder einen herausfordern können, er steht für viele verschiedene Dinge (und nicht nur für Schutz); aber Engel haben auch etwas „Unfassbares", lassen sich mit der Vernunft nicht ganz erfassen. **Unterschiede:** Bei Paul Klee ist die Rolle des Engels als Mittler zwischen Gott und Mensch nicht zentral.

Verlorene Hoffnung – falsches Gottesbild? **S. 46**

1. kein Vertrauen auf Gottes Hilfe (von Gott wird nichts mehr erwartet); „wir sind Gott egal"; „Gott kümmert sich nicht um uns"; oder im schlimmsten Fall sogar: „Gott will uns Böses tun";

2. Nein! Gott liebt uns und kümmert sich um uns, wir dürfen auf ihn vertrauen, es ist immer wieder ein Neuanfang möglich, Wunder passieren immer wieder.

3. Ich höre auf, etwas zu unternehmen; ich resigniere; d. h. ich traue Gott und den Menschen nichts zu; ich bin egoistisch: Ich bin überzeugt, zu wissen, dass nichts mehr Sinn macht; evtl. auch: Bequemlichkeit (keine Lust mehr, einen weiteren Versuch zu starten, …).

Lösungen

Kirche – Ort der Hoffnung?

2. Engagement für andere ist ein christlicher Grundauftrag – ein Auftrag von Jesus. Es gehört zu den drei Hauptaufgaben der Kirche (Liturgie, Glauben-Zeugnis und Diakonie).

3. Kirchl. Institutionen bieten in erster Linie den gleichen „Service" wie staatliche. Zusätzlich: Bei kirchlichen Institutionen wird Menschen Hoffnung gemacht und gezeigt, dass andere Menschen für sie da sind bzw. dass sie auf Gott vertrauen dürfen.

Fazenda da Esperança

1. Menschen von Drogensucht befreien; Menschen neuen Lebenssinn eröffnen; neuer Verwendungszweck für verlassene Klostergebäude; neues Leben in Randregionen usw.

2. Ganzheitlicher Ansatz in der Fazenda da Esperança: Es geht um den Menschen und nicht nur um seine Krankheit – Mensch überlegt sich, was seine Aufgabe im Leben ist – nicht nur Befreiung von Sucht, sondern auch Auseinandersetzung mit Lebensplänen bzw. Gott. usw. Spiritueller Aspekt: Betreuung durch spirituelle Menschen anstatt durch Mediziner oder Therapeuten.

Die Auferstehungshoffnung

1. **vor der Auferstehung:** Jünger waren am Boden zerstört; alle Hoffnung zerstört; ihren besten Freund Jesus verloren / **nach der Auferstehung:** Jesus ist auferstanden – ein Grund zur Freude; sein Tod war nicht sinnlos; sie bekommen von Jesus einen Auftrag;

2. **ohne Hoffnung:** ich muss in diesem Leben möglichst viel erleben (es ist meine einzige Chance); Tod heißt: absolutes Ende, geliebte verstorbene Personen sehe ich nie wieder!; ich lebe am besten egoistisch / **mit Hoffnung:** das Wichtigste kommt erst nach dem Tod – ich darf darauf hoffen, u. a. auch die Verstorbenen wiederzusehen; ich darf darauf hoffen, dass alles, was negativ in meinem Leben ist, vergehen wird und ich nach dem Tod in Glück lebe; mein jetziges Leben wird am Schluss „bewertet" (z. B. gehe ich sinnvoll mit meiner Zeit um?).

Was die Bibel zur Auferstehung sagt

1. Jesus wurde von Gott auferweckt. Da Christen durch die Taufe mit Jesus verbunden sind, dürfen sie auch darauf hoffen, vom Tod auferweckt zu werden.

2. Offenbarung 21,4: Es wird keine Trauer und keinen Tod mehr geben. Alles Frühere ist vergangen.
Johannes 5,24: Gott und auch Jesus können zum Leben auferwecken, wen sie wollen.

Das Prinzip Hoffnung

2. Der Unterschied zwischen „naiver" Hoffnung und „realistischer" Hoffnung; Hoffnung ist ein Lebensprojekt, das sich ständig weiterentwickelt.

3. Bei Hoffnung geht es nicht darum, (materielle) Wünsche zu erfüllen; ich muss selbst einen Beitrag leisten, damit sich Hoffnung erfüllt; Hoffnung übersteigt mich – sie bezieht sich auf etwas Größeres/Ganzes. Sie betrifft Mitmenschen und auch nachfolgende Generationen (vielleicht erfüllt sich manche Hoffnung erst dann).

4. Viele Menschen haben erkannt, dass in unserer Gesellschaft einiges anders sein sollte. Es gibt konkrete Visionen, z. B. fairer Handel, Occupy-Bewegung, Pussy Riots usw. Wir haben heute viele Möglichkeiten, in der Gesellschaft etwas zu bewegen und zu bewirken (z. B. auch durch Social Media).

„Zeitansage" – ein Text der Hoffnung

1. 1) Gedicht ist eine Zukunftsvision bzw. Hoffnung; Appell an alle Menschen, die Hoffnung nicht aufzugeben und gleichzeitig selbst einen Beitrag zu leisten, dass sich die Hoffnung realisieren kann; ein Mensch mit Hoffnung spricht zu allen.
2) Gedicht ist von Wiederholung geprägt („Es kommt eine Zeit"), es werden Beispiele aus verschiedenen Lebensbereichen aufgezählt, das Gedicht endet bei Gott bzw. beim Lobe Gottes.

Lösungen

3) Klare, einfache Sprache – für jeden verständlich, durch die konkreten Beispiele fühlen sich viele angesprochen; Optimismus und Gelassenheit, aber nicht naiv: Bewusstsein, dass die Gegenwart nicht optimal ist; trotz Negativem sich nicht deprimieren oder runterziehen lassen.

2. **Gemeinsamkeiten:** Bei allem Negativen sollte man nie vergessen: Wir sind erlöst! Das Schlimmste ist bereits überwunden! **Unterschiede:** Sölle geht von Negativem aus, das Positive ist ein Wunsch! – Barth: Es gibt zwar viel Negatives, aber trotzdem auch Positives.

3. Ansichtssache, doch eher: Das Gedicht ist mehrheitlich von „konkreter Utopie / militantem Optimismus" geprägt: z. B. viele konkrete Beispiele (u. a. „chemiefreie Gärten"). Natürlich lässt sich einwenden, ob diese Bilder wirklich genügend konkret sind.

4. Es hängt von der Grundhaltung ab: Erlebe ich die Welt grundsätzlich positiv und gut oder negativ und schlecht? **Dafür spricht:** Viele positive Beispiele, wo Menschen glücklich und gesund sind und sich einander unterstützen, und: „Beim Lobe" ist nicht als „naives" Loben gemeint, sondern Lob wird mit Auftrag zum Einsatz gleichgesetzt: Lob = sich für die Welt engagieren. **Dagegen spricht:** Es gibt so viele Katastrophen, Unglück usw. – wie soll man da Gott wirklich loben?

Weihnachten und Ostern – Feste der Hoffnung

2. **Roter Teppich:** Vorbereitungen für einen besonderen Gast – ein „Star" wird erwartet – Aufmerksamkeit richtet sich auf jemand Besonderen = Jesus (Geburt von Gottes Sohn), Vorfreude und gespannte Erwartung. Aber gleichzeitig auch: Jesus braucht keine „Absperrbänder", nichts und niemand hält uns von ihm fern – er sucht nicht den großen Auftritt und Glamour (im Stall geboren) usw. **Offene Tür:** Ostern eröffnet neue Perspektiven, das Grab war offen, der Glauben bzw. Gott öffnet Wege und Durchgänge, die im Leben bisher verschlossen waren usw.

3. Biblischer Bezug: Evangelium (O + W)
Erinnerung an welches Ereignis? Auferstehung Jesu (O); Geburt Jesu (W)
Botschaft? Gott schenkt Leben nach dem Tod (O); Gott/Jesus schenkt Hoffnung, Gott wird Mensch (W)
Bekannte Lieder: „Christus ist erstanden" (O); „Stille Nacht" (W) usw.
Bekannte Filme, Geschichten: „Die Passion Christi", „Jesus von Nazareth" von Franco Zeffirelli (O), Charles Dickens: „Eine Weihnachtsgeschichte", „Das Wunder von Manhattan"

Wie Jesus Hoffnung vermittelt

2. ohne Hoffnung, völlig aussichtslos, festgefahren, keine Zukunftsperspektiven, totale Außenseiter, stigmatisiert

3. Er hat sich ihnen zugewandt, mit ihnen gesprochen (die anderen haben sie immer ignoriert).
Er ist den Betroffenen vorurteilslos begegnet. Er hat sich ihnen zugewendet, ihnen geholfen, aber sie mussten selbst auch einen Beitrag leisten und aktiv werden: Er hat ihnen einen konkreten Auftrag gegeben.

4. Der Blinde konnte wieder sehen, im medizinischen und psychologischen Sinn (neue Möglichkeiten „gesehen"). Der Feigenbaum bekam eine neue Chance zu gedeihen. Die Ehebrecherin bekam die Möglichkeit, wieder Teil der Gesellschaft zu werden, akzeptiert zu werden usw.

5. Anderen Menschen Hoffnung zu vermitteln heißt nicht, ihnen alles abzunehmen und „Wunder" zu vollbringen: Damit Hoffnung möglich wird, muss der Betroffene auch einen Beitrag leisten. Hoffnung fliegt einem nicht einfach nur von außen zu, sondern muss auch selbst gefördert werden. Falsche Hoffnungen zu wecken, ist auch keine Lösung (z. B. beim Feigenbaum).

Hoffnung – das Besondere am christlichen Glauben!

1. Wenn ein Seiltänzer nicht auf sich selber und darauf vertraut, dass das Seil hält bzw. alles gut geht, hat er schon verloren. Das Vertrauen ist die Grundlage, dass er erfolgreich über das Seil gehen kann.

3. Vertrauen braucht Geduld: Geduld, dass Vertrauen wachsen kann; Geduld, dass jemand ein Versprechen einlöst; oft dauert es.
Vertrauen braucht Offenheit: Man muss offen sein für das, was von außen kommt, nicht festgefahren in seiner eigenen Art, Dinge zu tun.

Lösungen

Vertrauen braucht Hoffnung: Man darf die Hoffnung nicht aufgeben, dass es gut geht.
Vertrauen muss Unsicherheit ertragen können. Es entzieht sich meiner Kontrolle, ich muss einfach daran glauben, dass es klappen wird.

Hoffnung + Vertrauen = typisch christlich! S. 58

2. Zahlreiche Beispiele! Z. B. Auferstehung von Jesus, die Wunder von Jesus, Arche Noah usw. (hier ein Rückblick auf das AB „Die Bibel – das Buch der Hoffnung" sinnvoll!)

4. 2) Christen, die aus der Hoffnung leben, leben bewusster, entspannter, optimistischer und gehen respektvoller mit der Schöpfung und den Mitmenschen um.
   3) Christen können anderen von ihrer Hoffnung erzählen bzw. über die Hoffnung sprechen (es ist nicht unkonkret).
   4) Hoffnung denkt in großen Dimensionen: Hoffnung auf das ewige Leben, Hoffnung, dass wir „ewig sind".
   5) In unserm Alltag erleben wir immer wieder Ereignisse, die bestätigen, dass es sich lohnt, Hoffnung zu haben.

„Habt keine Angst!" – Papst Johannes Paul II. S. 59

1. 1982: Papst besucht zum ersten Mal Anglikanische Kirche – ein Novum! / 1986: Papst initiiert Weltgebetstreffen – Meilenstein für interreligiösen Dialog! / 1998: Reise ins sozialistische Kuba / 2000: Papst spricht „mea culpa", Reise nach Israel und zur Klagemauer – alles Ereignisse, die Hoffnung spendeten.

2. **Für wen:** Menschen aus kommunistischen und sozialistischen Ländern; Menschen, die unterdrückt wurden oder Religion nicht leben durften; Menschen, die von Wirtschaft ausgebeutet werden usw.
   Wie: Reisen in Krisengebiete, Ansprachen, Predigten, Botschaften, Empfang von Regierungsvertretern usw.

3. **Ja:** Sie können immer wieder auf Ungerechtigkeiten usw. aufmerksam machen (ihre Botschaft wird über die Medien verbreitet); sie sind ein Vorbild; sie können mit Regierungsvertretern sprechen, zu denen nur wenige Zugang haben; sie zeigen, was im Leben wirklich wichtig ist usw.
   Nein: Sie haben keinen wirklichen politischen Einfluss oder Macht; Image bei Nichtgläubigen nicht immer besonders gut – Glaubwürdigkeit wird manchmal angezweifelt (z. B. wegen Botschaften und Regeln, die von der Weltöffentlichkeit nur schwer nachvollziehbar bzw. als nicht wahrnehmbar empfunden werden); Papst hat zu viele Aufgaben und ist für die ganze Welt zuständig – wie will er da wirklich alles im Blick behalten?

Der Wahn des positiven Denkens S. 60

1. Alle vermitteln: Jeder ist für sein Glück verantwortlich. „Glück" kann man „machen" bzw. selbst „herbeiführen" – es braucht nur eine richtige Strategie! Die Philosophie der Ratgeber ist eng verknüpft mit dem „American Dream": Glaube an sich, an Machbarkeit; „Vom Tellerwäscher zum Millionär", Stichwort: Selfmade-Millionär usw.

3. **Optimismus:** Positiv denken (aber nicht, weil ich auf Gott vertraue, sondern weil ich total auf mich oder andere Menschen vertraue oder einfach überzeugt bin, dass alles sich zum Guten wendet, aber das geht auch ohne Gott ...) / **Christliche Hoffnung:** umfassender als Optimismus – evtl. auch realistischer als Optimismus: Wer christliche Hoffnung hat, weiß, dass es im Leben auch Negatives usw. gibt, aber dass am Ende alles gut wird bzw. dass mit dem Blick auf das ewige Leben Probleme usw. nicht mehr so bedeutend sind, wie sie scheinen.

„Auf Hoffnung sind wir gerettet" S. 61

1. Rettung vor dem Tod, Rettung vor der Sünde / dem Bösen, Rettung vor allen negativen Verstrickungen in der Welt.

2. nicht individuell, sondern für alle Menschen gemeinsam; auf Zukunft ausgerichtet, aber schon in der Gegenwart verwurzelt; Hoffnung hilft bei der Alltagsbewältigung; Tugend = etwas, das man lernen und einüben kann!; eng verknüpft mit Glauben usw.

3. U. a. ruft sie ins Bewusstsein, dass man auch bei allen negativen Alltagserfahrung Hoffnung nicht verlieren soll; Besinnung zur Gemeinschaft usw.

Segen – Zeichen des Schutzes und der Zuversicht S. 64

1. richtige Reihenfolge: wer?, wo?, woher?, was?, warum?, wie?